完走チャレンジ！自己ベスト更新！
マラソンの教科書

セカンドウィンドAC監督
川越 学 監修

⑪池田書店

はじめに

　すでに市民マラソンのビッグイベントとして定着している東京マラソンですが、2012年には参加定員2万9400人に対してなんと約28万3000人もの申込があり、倍率は9.6倍と過去最高になりました。東京マラソンの人気をきっかけに、大阪マラソンなど同じ規模を目指したマラソン大会が全国各地で新設されるようになってきています。人気のある大会では申込開始からわずか数時間で定員がいっぱいになる状態が続いているそうで、近年からのランニングブームはとどまるところを知りません。

　では、なぜこれほどまでにマラソンが人気になっているのでしょうか？　その答えは、1つだけではないでしょう。たとえば健康の維持・促進に最適なスポーツですし、メタボ対策にもなります。アンチエイジングとして、美肌効果も期待できます。そのほか、ストレス解消やランニング仲間との交流など、さまざまなメリットがあります。

　また、簡単に始められることや努力と工夫次第で記録を伸ばせることも魅力の1つでしょう。マラソンに年齢や性別、運動神経は関係ありません。みるみるうちに自分の記録が伸びていく喜びは、普段の生活の中では味わえない大きな刺激になります。
　このようにマラソンを始める動機や目標は、人それぞれで違うものです。ただし、正しい考え方や知識を踏まえてトレーニングしなければ、せっかくチャレンジしたものの、ケガややる気の低下によってリタイアという残念な結果になりかねません。

　そこで本書では、マラソンを楽しく続けていくための理論とトレーニング方法を紹介しています。大切なのは自分の能力を自覚し、日々の体調を見きわめながら、もっとも適したトレーニング内容を選び、実行することです。それができるようになるために、本書で解説するマラソン理論とトレーニング方法を学び、自分に合ったトレーニングメニューを作成するための基礎的な考え方を身につけてください。

　マラソンを完走したときの達成感、爽快感はその人にしかわからないものです。本書が、自分の目標に挑むすべての市民ランナーの一助になれば幸いです。

セカンドウィンドAC監督　川越　学

お読みいただく前に／本書の見方・使い方

本書の構成

本書は、マラソンの理論や練習方法を8つの章に分けてまとめてあります。はじめて本書をご利用いただくときに、お読みください。

STEP 1　マラソン練習の心得を理解する

楽しく効率よく練習する！

序章：
川越式マラソントレーニング

マラソン練習をするにあたって、押さえておいてほしい心得をまとめています。理論や練習メニューを学ぶ前に読んで、充実したトレーニングを積み重ねられるようにしてください。

➡ 16～25ページ

STEP 2　トレーニング期を5つに分けて、段階的にレベルアップする

初挑戦ならココからスタート！

第1章：準備期

マラソン未経験者や基礎体力に自信のない人は、「準備期」からスタート。まずは基礎体力をつけましょう。また、経験者にもタメになるアドバイスが盛り込まれていますので、練習前にひと通り読んでください。

➡ 28～79ページ

基礎体力がある人はココから！

第2章：走り込み期①

マラソン経験者や基礎体力に自信がある人は、「走り込み期①」からスタートしましょう。20kmを上限に走り込み、基礎的なスタミナを養います。自分のペースで走っていきましょう。

➡ 82～107ページ

> 完走に必要なスタミナを完成！

第3章：走り込み期②

20kmを無理なく走れるようになったら、「走り込み期②」へ進みます。30kmを上限に走り、フルマラソン完走に必要なスタミナを完成させます。完走が目標のランナーは、このあと調整期を経てレースに出走してもOKです。

➡ 110〜123ページ

> 記録更新へスピードを強化！

第4章：実践期

サブ4以上など、自己記録の更新を目指す人は「実践期」に入りましょう。スタミナに加えて、スピードを強化して記録更新をねらいます。疲労の蓄積に注意しましょう。

➡ 126〜139ページ

> ベストコンディションでレースへ！

第5章：調整期

レース10〜14日前になったら、「調整期」に入ります。能力を維持しながら疲労を抜いて、コンディションのピークをレース当日に合わせます。最高の状態でレースを迎えましょう！

➡ 142〜155ページ

STEP 3 レース攻略の考え方を理解する

第6章：
レース攻略の考え方と方法

➡ 158〜175ページ

42.195kmを走破するための考え方や方法をまとめています。また、前〜当日の準備や流れ、レース後のケアの仕方も紹介しています。最高の結果を残せるよう、ぜひ万全の準備を整えてください。

プラスα ストレッチや補強のやり方を理解する

第7章：
ストレッチ＆補強トレーニング

➡ 178〜205ページ

すべてのトレーニング期で必要な「ストレッチ」「ランニングドリル」「補強トレーニング」のやり方と、行う上でのポイントをまとめています。理論を踏まえて取り組んでください。

お読みいただく前に／本書の見方・使い方

各章の構成

第1章から第5章まで、トレーニング期の解説は、「理論」「練習メニュー」「練習プログラム」の3つに分かれています。

1 練習にあたって、理論を学ぶ

マラソン理論解説

トレーニング期ごとに、マラソン練習をする上で覚えておきたい理論を解説しています。各トレーニング期の目的やウォームアップ＆クールダウン、補強トレーニング、シューズ＆ウェア、食事などの考え方を理解し、練習に活かしてください。

ランニングフォーム解説

ランニングフォームについて解説しています。正しい立ち方から学び、自分なりのフォームを完成させるための参考にしてください。

ラントレーニング解説

トレーニング期ごとに、ラントレーニングを行う上でのポイントをまとめています。「メニューチェック」を参考に自分の能力に合わせて練習メニューを組み、「レベル別到達度チェック」の内容がクリアできたら次の期へと進みましょう。

2 練習メニューのやり方を理解する

各メニューを写真や文章を用いて、わかりやすく解説しています。

❶ 練習メニューとねらい
練習のおもな目的と、このメニューで身につく能力をまとめています。

❷ 写真とポイント
練習のやり方と動きのポイントを、「写真」と「文章」で解説しています。

❸ 文章解説
練習の目的ややり方、ポイントなどを読んで総合的に理解できるように、文章で解説しています。

❹ レベル別アドバイス
「完走目標」、「ビギナー」、「サブ4」、「サブ3」の4つのレベル（21ページ）に分けて、練習する上でのプラスαのアドバイスを紹介しています。

❺ ココが大事!
練習についての補足説明や練習時に注意して取り組むべき点、能力アップのためのポイントなどを解説しています。NG例なども紹介しています。

3 練習プログラムを参考に、計画を立てて走る

レベルとトレーニング期ごとに、練習プログラムの作成例を紹介しています。
本書のプログラムを参考に、自分に合った練習計画を立てましょう。

❶ 対象レベルとねらい
プログラムの対象レベルと、このプログラムの目的をまとめています。

❷ コレができたら次の章へ
次のトレーニング期に進んでもよい目安を示しています。プログラムは、必ず1ヵ月間消化しないといけないわけではありません。必要な能力が身についたら、次の期へ進みましょう。

❸ プログラム例
1ヵ月単位を基本に、プログラムの組み方例を紹介しています。自分の能力や疲労度に合わせて、柔軟に変更・修正することが大切です。

❹ 文章解説
プログラムを組む上での考え方やポイントなどを読んで総合的に理解できるように、文章で解説しています。

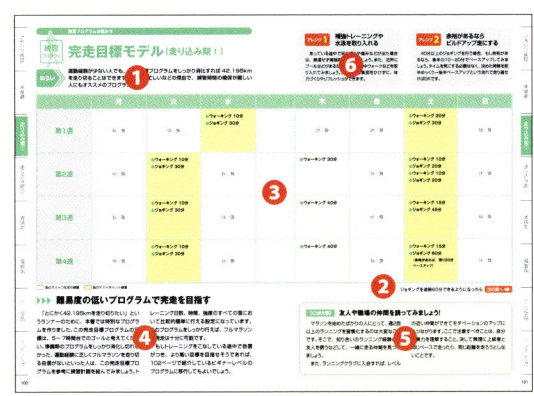

❺ ココが大事!
プログラム例についての補足説明や注意点、取り組む上でのポイントなどを解説しています。

❻ アレンジ
プログラム例について、自分なりにアレンジするためのアドバイスを紹介しています。

007

完走チャレンジ！自己ベスト更新！
マラソンの教科書

CONTENTS

はじめに	002
本書の見方・使い方	004

序章　楽しく続けてレベルアップする！

川越式マラソントレーニング

心得 その①	楽しみながら続けることが大切！	016
心得 その②	マラソンに必要な能力を知る	017
心得 その③	トレーニングの目的を理解する	018
心得 その④	自分の能力を知って質と量を調節する	019
心得 その⑤	レースに向けた期間を5つに分ける	020
心得 その⑥	4つのレベルに分けてトレーニングする	021
心得 その⑦	トレーニング計画を立てる	022
心得 その⑧	練習日誌をつけて体調を把握する	023
心得 その⑨	練習では30kmを超えて走らない	024
コラム1	川越監督に聞く　ランナーズQ&A①	026

CONTENTS

第1章　マラソンのための土台をつくる

準備期

<練習の前に／準備期の心構え>
- トレーニングを開始するための土台をつくる ……… 028

<走法解説>
- まっすぐ立つことから始める ……… 030
- 1歩目を踏み出して着地する ……… 032
- 1歩目からウォーキングへ ……… 034
- ウォーキングからランニングへつなげる①　ピッチ走法 ……… 036
- ウォーキングからランニングへつなげる②　ストライド走法 ……… 038

<ウォームアップとクールダウンの基本理論>
- ウォームアップとクールダウンの基本 ……… 040
- ストレッチが必要な体の部位を知る ……… 042
  - ウォームアップの考え方とやり方 ……… 043
  - クールダウンの考え方とやり方 ……… 044

<練習の前に／準備期の目標>
- ジョギングを中心に"足づくり"をする ……… 046

<ラントレーニング>
- メニュー 01 ◎ ウォーキング ……… 048
- メニュー 02 ◎ ジョギング ……… 050
- メニュー 03 ◎ ペース走 ……… 052
- メニュー 04 ◎ ウインドスプリント ……… 054

<補強トレーニングの基本理論>
- 補強トレーニングで必要な筋力をつける ……… 056
  - 前後左右のバランスを簡単なテストでチェックする ……… 060

<シューズ、ウェア、グッズの基本>
- 自分に合ったシューズ、ウェア、グッズを選ぶためのポイント ……… 064

<食事、栄養の基礎知識①>
- ランナーらしい食生活を心がけて体づくりと体調管理をする ……… 068

<ランニング障害の基礎知識>
- ランナーに起こりやすいケガの基礎知識と対処法 ……… 070

<練習プログラムの組み方>
練習プログラム ◎ 運動未経験者モデル（準備期） ……… 074
練習プログラム ◎ 標準モデル（準備期） ……… 076
練習プログラム ◎ 運動経験者モデル（準備期） ……… 078

コラム2　川越監督に聞く／ランナーズQ&A② ……… 080

第2章　基礎的なスタミナを養成する

走り込み期①

<練習の前に／走り込み期①の心構え>
- 長い距離に慣れつつ、基礎的なスタミナをつける ……… 082

<ランニングドリルの基本>
- ランニングドリルでフォームを完成させる ……… 084

<練習の前に／走り込み期①の目標>
- 20kmを目標に、持久力、スピード持久力、ペース感覚を養う ……… 086

<ラントレーニング>
メニュー 05 ◎ LSD（ロング・スロー・ディスタンス） ……… 088
メニュー 06 ◎ ビルドアップ走 ……… 090
メニュー 07 ◎ クロスカントリー ……… 092
メニュー 08 ◎ 坂道ダッシュ ……… 094

<食事、栄養の基礎知識②>
- 能力アップと体調管理に必要な栄養の基礎知識を知る ……… 096

CONTENTS

<練習プログラムの組み方>

練習プログラム◎ **完走目標モデル**(走り込み期①) ……………………… 100
練習プログラム◎ **ビギナーモデル**(走り込み期①) ……………………… 102
練習プログラム◎ **サブ4モデル**(走り込み期①) ………………………… 104
練習プログラム◎ **サブ3モデル**(走り込み期①) ………………………… 106

コラム3　川越監督に聞く／ランナーズQ&A③ ……………………… 108

第3章　完走に必要なスタミナを完成させる

走り込み期②

<練習の前に／走り込み期②の心構え>

● マラソン完走に必要なスタミナを完成させる ……………………… 110

<練習の前に／走り込み期②の目標>

● 30kmを目標に、レースと同じペースで走ることを意識する ……… 112

<ラントレーニング>

メニュー **09**◎ インターバル走 ……………………………………… 114

<練習プログラムの組み方>

練習プログラム◎ **完走目標モデル**(走り込み期②) ……………………… 116
練習プログラム◎ **ビギナーモデル**(走り込み期②) ……………………… 118
練習プログラム◎ **サブ4モデル**(走り込み期②) ………………………… 120
練習プログラム◎ **サブ3モデル**(走り込み期②) ………………………… 122

コラム4　川越監督に聞く／ランナーズQ&A④ ……………………… 124

第4章　記録更新に向けてスピードを養成する

実践期

<練習の前に／実践期の心構え>
- スピード強化と体調改善を行い、レースモードの体にする ……… 126

<練習の前に／実践期の目標>
- レース本番をイメージしてスピードとペース感覚を磨く ……… 128

<ラントレーニング>

メニュー10 ◎ タイムトライアル ……… 130

<練習プログラムの組み方>

練習プログラム ◎ 完走目標モデル（実践期） ……… 132
練習プログラム ◎ ビギナーモデル（実践期） ……… 134
練習プログラム ◎ サブ4モデル（実践期） ……… 136
練習プログラム ◎ サブ3モデル（実践期） ……… 138

コラム5 Runner's Voice① ……… 140

第5章 レースに向けて体調を整える

調整期

<練習の前に／調整期の心構え>
- 調子のピークをレース当日に合わせる ……… 142

<練習の前に／調整期の目標>
- レース本番に向けて、疲労を減らし、調子を上げる ……… 144

<食事、栄養の基礎知識③>
- レース本番に向けてエネルギーを蓄える ……… 146

<練習プログラムの組み方>

練習プログラム ◎ 完走目標モデル（調整期） ……… 148
練習プログラム ◎ ビギナーモデル（調整期） ……… 150
練習プログラム ◎ サブ4モデル（調整期） ……… 152

CONTENTS

練習プログラム ◎ サブ3モデル(調整期) ……………………………………… 154

コラム6 Runner's Voice② …………………………………………… 156

第6章　ベストパフォーマンスを発揮するための
レース攻略の考え方と方法

＜レース攻略の考え方＞
- 目標タイムをクリアするための42.195kmの走り方を知る ……… 158
  - 事前にコースをチェックし、大会当日をイメージする …………… 160
  - 目標ではなく、自分の能力からペースを決める ………………… 161
  - ラップタイムと余力を踏まえて柔軟に対応する ………………… 162
  - 給水所で水分を補給し、熱中症や脱水症状を防ぐ ……………… 164
  - さまざまな気象条件への対処法を知る …………………………… 166

＜レース当日の対策＞
- レース当日の流れを把握して万全の準備を整える ……………… 168

＜レース後の考え方＞
- レース後は体をケアして次のレースに向かう …………………… 174

コラム7 Runner's Voice③ …………………………………………… 176

第7章　ストレッチ&補強トレーニング

＜静的(スタティック)ストレッチ＞
- 下腿部のストレッチ(1〜4) ………………………………………… 178
- 大腿部のストレッチ(5〜11) ………………………………………… 179
- 股関節のストレッチ(12〜14) ……………………………………… 180
- 腰・背中のストレッチ(15〜18) …………………………………… 181
- 肩・腕のストレッチ(19〜20) ……………………………………… 182
- 胸部のストレッチ(21〜22) ………………………………………… 183

- 首のストレッチ(23〜24) ……………………………………………………… 183

＜動的（ダイナミック）ストレッチ＞

01 ◎ 太もも（前面）／**02** ◎ 太もも（後面） ……………………………… 184
03 ◎ お尻／**04** ◎ 股関節① ……………………………………………… 185
05 ◎ 股関節②／**06** ◎ 股関節③ ………………………………………… 186
07 ◎ 肩関節①／**08** ◎ 肩関節②／**09** ◎ 股関節＆肩関節① ……… 187
10 ◎ 股関節＆肩関節②／**11** ◎ 股関節＆肩関節③ ………………… 188
12 ◎ 股関節＆肩関節④／**13** ◎ 股関節＆肩関節⑤ ………………… 189

＜ランニングドリル＞

01 ◎ ジャンプ／**02** ◎ 上半身連動ジャンプ ………………………… 190
03 ◎ キックアップ／**04** ◎ ニーアップ ……………………………… 191
05 ◎ バウンディング ………………………………………………………… 192
06 ◎ シザースジャンプ ……………………………………………………… 193

＜補強トレーニング＞

01 ◎ 壁つきニーアップ／**02** ◎ ヒップアップ ……………………… 194
03 ◎ ヒップアダクション／**04** ◎ サイドレッグレイズ ……………… 195
05 ◎ ヒップエクスターナルローテーション／**06** ◎ スキャプラアダクション …… 196
07 ◎ ラットプルダウン ……………………………………………………… 197
08 ◎ ダンベルプッシュ／**09** ◎ プッシュアップ …………………… 198
10 ◎ フォワードランジ／**11** ◎ スクワット ………………………… 199

※スクワットのバリエーション

①ワイドスクワット／②スプリットスクワット ……………………………… 200
③ベンチスクワット／④片脚スクワット …………………………………… 201
12 ◎ スクワットジャンプ …………………………………………………… 202
13 ◎ スプリットスクワットジャンプ …………………………………… 203
14 ◎ ドローイン／**15** ◎ クランチ …………………………………… 204
16 ◎ レッグレイズ／**17** ◎ フロントブリッジ ……………………… 205

おわりに ……………………………………………………………………………… 206

The Basis & Practice Menu of Marathon

序章

楽しく続けてレベルアップする！
川越式
マラソントレーニング

市民ランナーにとって、1番大切なことは楽しむことです。
楽しんでいれば自然と継続することができ、レベルアップにつながります。
どのようにすれば楽しく効率よくレベルアップできるのか、
マラソントレーニングの基本的な考え方を理解しましょう。

川越式マラソントレーニングの心得　その①

▶▶▶ 楽しみながら続けることが大切!

　マラソンは決して楽なスポーツとは言えません。42.195kmという長い距離を走るのは、どんな人にとっても簡単なことではないでしょう。しかし、マラソンにはたくさんの魅力があります。走り切ったときの達成感や満足感は、ほかのスポーツではなかなか味わうことはできません。また、慣れてくると、走ること自体が楽しくなるという人もたくさんいます。

　ただし、こういったマラソンの魅力は続けた人にしかわからないものです。数日だけ走って諦めてしまった人には絶対にわかりません。だからこそ、マラソンを続けてください。そのためには、楽しむ気持ちをずっと持ち続けることが大切です。毎日、何十kmも走らなくてかまいません。モチベーションは、ときにお気に入りのウェアを着たい、痩せてスタイルをよくしたいといったことでもよいのです。どのような動機で始めたとしても、とにかく続ければ必ず走ることの楽しさを実感できるようになります。

　そして、その積み重ねによって、「フルマラソンを完走する」あるいは「自己記録を更新する」といった目標をクリアすることができるのです。

川越式マラソントレーニングの心得 その②

マラソンに必要な能力を知る

マラソンに必要な能力は、走ることで養われます。とくにマラソンを始めたばかりの時期では、走ることで余計な脂肪が落ち、心肺機能が強化されて、自然とマラソンに適した体になっていきます。ただし、漠然と走っていても完走や記録更新といった目標を達成できるとは限りません。

たとえば、悪いフォームで走り続けたり、筋力が足りていないのに厳しいトレーニングを積み重ねたりすると、走ることが嫌になったりケガをしたりして、ときにランナーを目標から遠ざけてしまいます。

そこで、まずはマラソンに必要な能力を知ることから始めましょう。ポイントはフォーム、心肺機能、精神力、筋力の4つです。これらの能力は走るだけでなく、ランニングドリル(84、190～193ページ)や補強トレーニング(56～63、194～205ページ)など、走ること以外で補うこともできます。

Close up! マラソンに必要な能力とは？

①正しいフォーム

効率よく能力を発揮するためには、正しいフォームが不可欠。ケガの予防にもつながる。「骨盤を後傾させない」、「足はフラットに接地する」、「重心移動をスムーズに」、「かかとを引きつける」の4つがポイント(84ページ)。

②強い心肺機能

心肺機能を強化することで、心拍数が下がる。すると、より負荷の高いトレーニングを行うことができ、結果としてより高い能力を身につけることができる。

③折れない精神力

とにかく根性で、がむしゃらに距離を走れということではない。楽しむ気持ちや目標を達成するという強い意志、体調の悪いときは我慢して休むなどといった精神力、臨機応変さが求められる。

④適度な筋力

筋肉はマラソンでは重りになるため、筋骨隆々の体は必要ない。ただし、走るのに必要な筋肉、たとえば走りに安定感を生む体幹や脚の筋力はしっかり鍛える。

川越式マラソントレーニングの心得 その③

▶▶▶ トレーニングの目的を理解する

ひと口にマラソントレーニングと言っても、いくつかの種類があり、それぞれに目的があります。ここでは本書で紹介するトレーニングの名前と、主な目的を紹介します。

まずは基礎的なトレーニングです。ウォーキングやジョギングがあります。走ることに慣れる、フォームを身につけるなどといった基礎段階から、コンディションを整える調整段階まで幅広く行うトレーニングです。

2つ目は持久系トレーニングです。長い距離をゆっくり走るなど、スタミナ強化を主な目的としたトレーニングがあります。

3つ目はスピード系トレーニングで、坂道ダッシュやインターバル走(速く走る→ゆっくり走るを繰り返す練習)などがあります。スピード強化が期待できます。

最後は補強トレーニング。これは走るトレーニングだけでは補いきれない筋力を鍛え、走りにつなげるためのものです。

これらトレーニングの目的を理解し、バランスよく能力を高めていくことが目標達成への道になります。

Close up! 各トレーニングの目的を知る

① 基礎的なトレーニング

マラソンのための動きづくりから調整まで、幅広く使える。

- ウォーキング →48ページ
- ジョギング →50ページ

③ スピード系トレーニング

スピード能力をアップさせる。刺激を入れて疲労回復効果も期待できる。

- ウインドスプリント →54ページ
- 坂道ダッシュ →94ページ
- インターバル走 →114ページ

② 持久系トレーニング

スタミナ能力をアップさせる。マラソン完走のための土台となる。

- ペース走 →52ページ
- LSD →88ページ
- ビルドアップ走 →90ページ
- クロスカントリー →92ページ
- タイムトライアル →130ページ

④ 補強トレーニング

筋力を補強することで、走りにつなげる。詳しくは56~63ページ、194~205ページを参照。

川越式マラソントレーニングの心得 その④

▶▶▶ 自分の能力を知って質と量を調節する

ランニングトレーニングをする際には、心拍数を負荷の目安にしましょう。心拍数とは心臓が1分間に何度収縮したかを数えたもので、安静時は60～70回／分です。激しい運動をすれば、全身に多くの血液を送り出そうと心拍数は増え、運動を止めると少しずつ安静時の心拍数に近づいていきます。

この心拍数を測ると、トレーニングでどの程度の負荷が体にかかっているかを把握できます。右表は、本書で紹介するトレーニングを行う際の心拍数の目安です。たとえば、ジョギングを行っているとき、心拍数が130～150回／分程度であれば、適切な負荷がかかっていると考えてよいでしょう。しかし、心拍数が100～120回／分程度だとすると、負荷（スピード）が足りない可能性があります。その場合は、スピードを上げることで、ジョギングの目的に合った適切な負荷を体にかけるようにします。

心拍数が測れるウォッチをつけていない限り、走りながら心拍数を測るのは現実的ではありません。そこで、トレーニング後すぐに1分間の心拍数を測り、強度が適切だったかどうかを確認して、次回以降のトレーニングで調整するようにしましょう。

心拍数の目安（／分）

平常時	60～70回
ウォーキング	100～120回
ジョギング	130～150回
ウインドスプリント	考慮しなくてOK
ビルドアップ走	140→180回
LSD	120～140回
ペース走	160～180回
クロスカントリー	160～180回
坂道ダッシュ	考慮しなくてOK
インターバル走	180回以上
タイムトライアル	160～180回

心拍数の測り方
トレーニング後、10秒以内に手首に指を当て、心拍数を測る。30秒ほど測り、2倍にすれば簡単に1分間の心拍数を測ることができる。

川越式マラソントレーニングの心得 その⑤

▶▶▶ レースに向けた期間を5つに分ける

本書ではレースに向けたトレーニング期間を5つに分けて、期ごとの目的やトレーニング方法を解説しています。

具体的には準備期から始まり、走り込み期①、走り込み期②、実践期から調整期を経て、レース当日を迎えます。トレーニング内容や走る回数・時間などは、ランナーの能力や目指すタイムによって異なります。いずれにせよガムシャラに走り込めばよいというのではなく、いかに効率的に能力をアップさせるかという理論的な側面から解説しています。

それぞれ期ごとに覚えておきたい知識や、目標を達成するために必要な理論を多くの側面から解説しているので、走り始める前に一度じっくり読んでみてください。

Close up! 5つのトレーニング期を知る

本書は、第1〜5章まで下記のトレーニング期ごとに章立てしています。期（章）ごとにトレーニングにあたっての理論と、練習メニューを学びましょう。

準備期（第1章）
走ることに慣れるための期間。週に2回程度、ゆっくり走ることで心身ともに走ることに慣れていこう。

走り込み期①（第2章）
20kmを走ることを目標に、走り込む。ただし、いきなり20kmを走るのではなく、少しずつ距離を伸ばしていく。

走り込み期②（第3章）
30kmを走り切ることを目標にする時期。走り込んでスタミナアップを図るのはこの時期まで。

実践期（第4章）
スピード強化、レースのペース感覚を磨く時期。疲労をレースまで残さないコンディショニングも重要になる。

調整期（第5章）
レースに向けて、コンディションを整える時期。調子を上向かせることを最大の目的とする。

レース当日

川越式マラソントレーニングの心得 その⑥

4つのレベルに分けてトレーニングする

　同じ時期の練習でも、まずは完走できればOKというランナーとサブ3を狙うランナーとでは、こなすべき練習内容や注意すべきポイントが違います。

　そこで本書では、「完走目標」「4時間台」「サブ4」「サブ3」の4つのレベルに分け、それぞれに合わせた情報を盛り込んでいます。

　ここで大切なのは、目標ではなく能力に応じてトレーニングを行うことです。まず、マラソン初挑戦であれば完走目標レベルのトレーニングから始めてください。そして、完走目標レベル（5～7時間でのゴール）を目標にしていたが、トレーニングが楽に消化できるという人は、ビギナーレベルのトレーニングにステップアップしてもいいでしょう。反対に、そのレベルでのトレーニング内容の消化が難しいようであれば、レベルを落としてもかまいません。

　大切なのは、目標とするレベルで必要なトレーニングをきちんと消化すること。高いレベルに固執したためにしっかり消化できないのでは、よい結果につながりません。自分の能力を把握し、その能力に見合った目標をしっかり設定して、トレーニングを消化することが重要なのです。

Close up! 4段階のレベルに応じてトレーニング内容を決める

①完走目標（5～7時間）

　とにかく完走を目標とするランナー。マラソン初挑戦の人や運動が苦手という人は、このレベルがオススメ。あえて目標タイムを設定する必要はないが、途中で歩かず、ゆっくりでも走り続けることができれば、7時間以内でゴールできる。

②ビギナー（4時間台）

　運動経験がある人やすでにマラソン経験のある人は、まずは4時間台を目標にしてみるとよい。期ごとのトレーニングをしっかり消化できれば、それほど難しい目標ではない。そのため、余裕があれば、1つ上のサブ4を目指してみるのもよい。

③サブ4（3時間台）

　すでにフルマラソンの完走経験がある人が、より高い目標を目指すためのカテゴリー。このあたりから目標達成のための難易度がググッと上がる。トレーニングをしっかり消化するのはもちろん、ケガなどにも注意する。

④サブ3（2時間台）

　市民ランナーが目指す、もっとも大きな目標といっても過言ではないカテゴリー。すでにサブ4でフルマラソンを完走した経験がないと、達成はかなり困難なレベル。能力アップのためにできることは何でもしたい。そのため、日々の食事やケアなど、あらゆる面での注意が必要になる。

川越式マラソントレーニングの心得 その⑦

▶▶▶ トレーニング計画を立てる

トレーニングは計画的に行うことが大切です。能力や時期にもよるため一概には言えませんが、基本的には週に1〜2回ほど能力を高めるための「ポイント練習」を行い、それ以外の日は能力の低下を避けるための「つなぎの練習」（2〜3日程度）を行います。「つなぎの練習」は、疲労を回復させる期間でもあります。この日に破壊された細胞を修復させないと、その後のトレーニング効果も半減してしまいます。これにストレッチやドリル、補強トレーニングを組み合わせて、1週間〜1ヵ月のプログラムを作成していきます。

本書では能力と時期に応じて、プログラム例を掲載しているので、参考にしながら自分なりのプログラムをつくりましょう。

ただし、トレーニング計画に縛られてはいけません。疲労がたまっているときに負荷の高いトレーニングをしても、大きな効果は期待できません。そのため、疲労がたまっているときは、軽めのジョギングに切り替えるなど、柔軟な対応が必要になります。しっかり計画は立てて、その日の体調やそれに縛られすぎない……、トレーニング計画を立てる上では、この柔軟性が大切です。

Close up! 1週間のトレーニング計画例

月曜日	火曜日	水曜日	木曜日
休養 ストレッチのみ	●ジョギング 2km ●ウインドスプリント 3本	休養 ストレッチのみ	●ペース走 6km 設定ペース：6分30秒/km

金曜日	土曜日	日曜日	
休養 ストレッチのみ	●ジョギング 30分 ●ウインドスプリント 3本	●ペース走 20km 設定ペース：6分00秒/km	左は、走り込み期①（第2章参照）頃の例。つなぎの練習は火・土の週2回、ポイント練習は木・日の週2回となり、それ以外の月・水・金は休養としている。

疲労がたまっている、体調がすぐれないなどと感じたときは、計画に固執しない。練習を軽めにする、ストレッチだけにするなどの対応で疲労回復を優先させる。

トレーニング計画は1週間単位で立て、それを1ヵ月〜レースまでといった形で伸ばしていく。本書のプログラム例を参考に、自分なりの計画を作成しよう。

川越式マラソントレーニングの心得 その⑧

▶▶▶ 練習日誌をつけて体調を把握する

　トレーニングを継続するにあたって、自分の体調を把握することが大切です。体調がよければ、多少厳しいトレーニングを消化することができますし、反対に体調が悪い場合は軽めのトレーニングに切り替えて、疲労を回復させることもできます。そこで、的確に体調を管理するために練習日誌をつけることを習慣づけましょう。

　最低限記録したい内容は「ランニングトレーニングメニュー」「補強トレーニングメニュー」「体温」「心拍数」「コメント」の5つ。余裕があれば、血圧や練習前後の体重、起床・就寝時間、便通についてなども記しておきましょう。

　とくにコメント欄については、トレーニングで走った距離だけでなく、なぜその距離を走ったのか、実際に走ってみてどうだったのかなど、感じたことを書くようにしましょう。数値だけではわからない感覚を書くことで、身体的な調子に加えて、モチベーションなどのメンタル的な調子（意欲）などについても把握できます。

Close up! トレーニング日誌例

記入項目		○月1日（土）	○月2日（日）	○月3日（月）
トレーニング内容		ジョギング 2km ウインドスプリント 3本	ペース走 20km （設定ペース：6分00秒/km）	完全休養
補強		体幹・上半身中心	体幹中心	なし
体温		35.8℃	36.0℃	36.6℃
安静時の心拍数		62回/分	64回/分	78回/分
起床時間		7時	7時30分	7時
就寝時間		0時30分	23時	23時
練習前後の体重		54.5kg→54.0kg	54.3kg→53.1kg	53.9kg
便通		あり	あり	あり
食事	朝	ご飯、みそ汁（あさり）、目玉焼き、ハム、納豆、ヨーグルト	ご飯、みそ汁（豆腐とワカメ）、卵焼き、きんぴらごぼう、チーズ、ヨーグルト	食パン、スクランブルエッグ、トマトサラダ、ヨーグルト、グレープフルーツ
	昼	肉うどん、トマトサラダ、バナナ	パスタ（トマトソース）、ほうれん草とベーコンのバターソテー、ミネストローネ	ご飯、煮物、具だくさんスープ、野菜サラダ、ゆで卵
	夕	ご飯、中華スープ、鳥のもも肉焼き、温野菜サラダ、ゆで卵	ご飯、鉄板焼き、具だくさんスープ、温野菜サラダ	ご飯、けんちん汁、ゴーヤチャンプル、焼きレバー、大根サラダ、ゆで卵
コメント		つなぎとして、予定メニューを消化。走り始めは体がだるく感じたが、後半は快調になった。ペースを上げないように注意した。食欲もあり。	一定のペースを心がけたが、後半バテてペースダウン。ペースの見直しが必要か。疲労が大きいので入念にストレッチし、早めに就寝。	前日の疲労が抜けず、起床時の心拍数も高めだった。朝は通勤ウォーキングで軽く体を動かし、夜はストレッチして疲労回復に努めた。

川越式マラソントレーニングの心得 その⑨

▶▶▶ 練習では30kmを超えて走らない

　私はたとえトップレベルのランナーであっても、トレーニングでは30km以上を走らせません。つまり、初マラソンのランナーにとっては、レース本番が初めて30km以上を走る場になるということです。そのため、「練習でも走ったことがないフルマラソンをいきなり完走できるのか?」といった懸念は、誰もが持って当然でしょう。

　実際、私も現役時代はトレーニングで30km以上はおろか、42.195km以上の距離を当たり前のように走っていました。しかし、指導者になり、長い距離を頻繁に走ることのデメリットに気づいたのです。

　たしかにレース前に42.195kmという距離を走っておけば、自信や安心につながりますし、走った分だけ持久力もつくでしょう。しかし、そのメリットよりも、長い距離を走ってしまうことのデメリットのほうが大きいのです。

　もっとも大きなデメリットには、体へのダメージがあります。30km以上の距離を走ることは体に大きな負担となり、疲労回復にも時間がかかります。そのため、ダメージを引きずったまま次のトレーニングをこなし、さらにダメージを増やして次のトレーニングへといった具合に、体へのダメージが雪だるま式に増えていってしまうのです。

　結果として、質のいいトレーニングにはならず、能力の伸びは悪くなります。さらに、レースにも疲労を抱えたまま挑むため、よい結果など期待できるはずもありません。

30km以上走ると…

メリット
- 安心感を得る
- 持久力が高まる

しかし…

デメリット
- 体へのダメージが大きい
- 疲労回復が遅れる
- ケガのリスクが高まる

結果的に…

よいトレーニングにならない!

▶▶▶ よい状態で練習を"継続"する

このような理由から、私はトレーニングで走る距離を30kmまでに制限しているのです。たとえトレーニングで走る距離が42.195kmに満たなくても、質の高いトレーニングを継続すること（イメージ②）で、フルマラソンを走り切るためのスタミナやタイム短縮のための能力を養うことは可能です。

反対に1回のトレーニングで30km以上の長い距離を走ってしまうと、その後数日間のトレーニング効果が下がり、質の高いトレーニングを継続することができません（イメージ①）。また、体へのダメージが増すことで、疲労回復が遅れ、ケガの可能性が高まるなどの問題も発生します。

レースで己の持つ能力を発揮するためには、レース当日を万全の状態で迎えることが欠かせません。計画的なトレーニングで能力を高め、心身ともにリフレッシュしたよい状態でレースに挑めば、結果は自然についてくるものです。

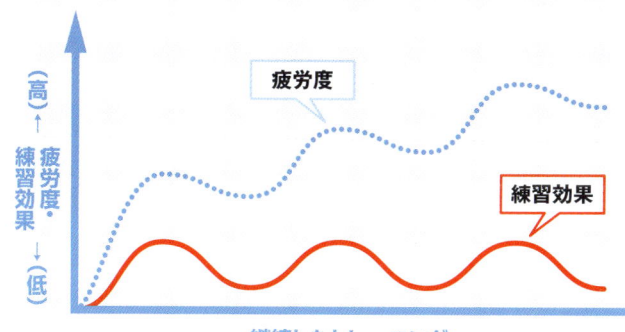

イメージ① **30km以上走るトレーニングをしたときの練習効果**

疲労が回復しないので、満足したトレーニングを消化できない。疲労が蓄積すれば、ケガのリスクも増える。

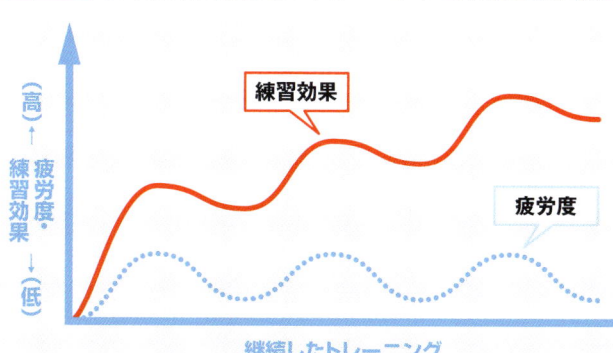

イメージ② **30km以上走らないトレーニングをしたときの練習効果**

疲労がきっちり回復するぶん、実のあるトレーニングをこなせる。この方法で、フルマラソンを完走するスタミナは十分養える。

Column About the Marathon

ランナーのお悩み、素朴な疑問を川越監督がズバッと解決！

▶▶▶ 川越監督に聞く ランナーズQ&A①

「効率アップのコツ」編

Q1 仕事が忙しく、休日以外は走ることができません。週1〜2回しか走れないなかで、効率を上げるにはどのようにしたらよいでしょうか？

A マラソンに必要なのは「スピード」+「持久力」、この2つの能力をレベルアップさせていくことです。そこで、1日は速い動きで呼吸を上げるトレーニング、もう1日はゆっくり長く走るトレーニングを行いましょう。週末しか走れない場合は、土曜日にスピード練習、日曜に長い距離走が理想的です。

Q2 走った後なかなか疲労が回復せず、継続したトレーニングができません。どうしたら、すぐに疲労を回復させられるのでしょうか？

A 走った後は必ずクールダウンをし、体にたまった疲労物質を取りのぞきましょう。足裏や足首、ふくらはぎ、ヒザ、太もも、股関節などをアイシングするのも有効なので、欠かさず行うとよいでしょう。できるだけ早く栄養補給をすることや、定期的にマッサージを受けることも効果的です。

Q3 お酒が好きなのですが、マラソンをするならやめたほうがよいですか？

A そんなことはありません。お酒は私も大好きです。走った後のビールはとくに美味しいですからね（笑）。練習による疲労から食欲がないときでも、適量のアルコールを摂ることで食欲増進につながることもあります。ただ、飲みすぎには気をつけましょう。とくにレース前日は、いつもより控えめに。

The Basis & Practice Menu of Marathon

第1章

マラソンのための土台をつくる
「準備期」

本格的なマラソントレーニングを始めるためには、
基礎的な体力や筋力が必要になります。
準備期は、その土台となる能力を養うための期間です。
これからマラソンを始める人や長いブランクがある人は、
この準備期からスタートしましょう。

練習の前に／準備期の心構え

トレーニングを開始するための土台をつくる

準備期の目的は、本格的なマラソントレーニングをこなすための体づくりをすることです。
そのために大切なのは、続けること。
自分なりの楽しみ方を見つけて、継続して走っていきましょう。

長い時間と距離に慣れる

基礎体力の向上を図るだけでなく、長い時間と距離を走ることに慣れることが必要。無理せず、一定のペースを保つ意識を持ちたい。

無駄の少ないフォームにする

フォームに無駄があると、体力のロスやケガの原因になる。準備期から細部まで気にする必要はないが、効率のよい走り方は知っておこう。

マラソンに適した体になる

完走や記録アップを目指すためには、マラソンに適した体（右ページ）が欠かせない。準備期のメニューをこなし、適した体に近づける。

楽しんで続ける

マラソンは続けることが大切。「お気に入りのウェアで走る」「一緒に走る仲間を見つける」など、走ることが楽しみになる工夫をする。

▶▶▶ 楽しく走って、続けることが大切になる

　準備期は、本格的なマラソントレーニングを開始する前に、基礎的な体づくりをするための段階です。ポイントは、「走ることに慣れる」「マラソンに適した体になる」「楽しんで続ける」「無駄の少ないフォームになる」の4つ。

　この準備段階でうまくいかず、やめてしまう人が数多くいます。その原因には、いきなり追い込む練習を繰り返したり、ケガをして走ることが嫌いになってしまうことなどが考えられます。

　マラソンにおいて、1番大切なのは続けることです。だからと言って、必ずしも毎日走る必要はありません。長期的に考えて、無理せず、自分に合ったペースで練習しましょう。そうすることで、自然とマラソンに適した体になり、走ることが楽しくなって、「今日も走ろう」という意欲が湧く好循環が生まれます。

　そこで準備期では、とにかく楽しく走ることを目標に、走る習慣を身につけましょう。

Close up! マラソンに適した体とは？

マラソンに適した体とは、下の4点を兼ねそなえた体のこと。
無理なく定期的に走って、適した体に自然と近づけていく。

① 基礎体力がある

　運動に慣れていない人や前回のマラソンからブランクがある人などは、基本的な体力がない可能性がある。短い時間でもかまわないので定期的に走り、マラソンの土台となる基礎体力をつける。

② 体脂肪率が低い

　余分な脂肪がついているということは、重りを抱えて走っているのと同じこと。走ることで自然に脂肪が燃焼するので、効率よく走るのに適した体脂肪率に近づく。

③ 心拍数（脈拍）が上がりにくい

　心拍数（脈拍）が下がると、同じ強度の運動をしても息が上がりにくくなる。つまり、同じ練習をしても苦しさが減るということで、そのぶん運動強度の強いトレーニングを行えるようになる。

④ 筋力がある

　ムキムキになる必要はなく、体幹を中心に走るのに必要な筋肉をつける。マラソンに必要な筋力をつけることで、より楽に走れるようになる。

ランニングフォームの基本（立つ）

走法解説　まっすぐ立つことから始める

正面

全身
リラックスする。肩に力が入ると、バランスが崩れやすい

体幹
まっすぐに保つ。体幹が安定しないと、フォームが崩れやすい

足元
スムーズに足を運べるよう、肩幅に開き、つま先は前に向ける

▶▶▶ 立つ→歩く→走るは連動している

　理想とすべきランニングフォームは、人によって違います。なぜなら、筋力や骨格に個人差があるからです。だからと言って、好き勝手なフォームで走っていると、体力のロスやケガの原因になります。

　そこで、ここからは最低限知っておくべき、ランニングフォームの基本を理解しましょう。

　フォームを身につけるための最初のステップは、まっすぐ立つことです。まっすぐ立つことで、まっすぐ歩くことができ、そしてまっすぐ走れます。この「立つ」「歩く」「走る」は連動した動作であることを理解してください。

　ポイントは、体幹を意識し、両足の拇指球に均等に体重をかけて立つことです。頭の上からヒモで引っ張られていることをイメージすると、まっすぐ立ちやすくなります。

横

Check Point

顔
まっすぐ前に向け、視線も同じ方向に向けることで、姿勢を保つ

Check Point

背筋
まっすぐ伸ばす。頭から背筋にかけて、一直線になる状態が理想

マラソン理論　準備期　走り込み期①　走り込み期②　実践期　調整期　レース攻略　トレーニング

ココが大事!
左右の拇指球に均等に体重をかける

　拇指球とは足の裏、親指の付け根下の部分（写真）のことです。両足の拇指球に均等に体重をかけることで、立つ姿勢が安定します。拇指球に重心を乗せることは走る際にも意識すべきですが、まずは立った状態でしっかり拇指球に体重を乗せることを意識してみましょう。

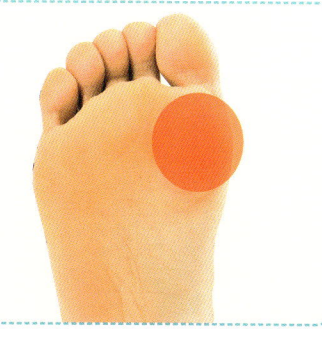

走法解説 — ランニングフォームの基本（1歩目、着地）

1歩目を踏み出して着地する

全身の動き

POINT 1 体幹を意識し、拇指球に体重をかけ、リラックスして立つ

POINT 2 1歩目となる足を前に出す。着地はかかとから入る

POINT 3 前足に体重をかけ、重心移動。足の裏全体で体重を支える

▶▶▶ かかとから入り、足の裏全体で体重を支える

　まっすぐ立つことができたら、次は1歩目を踏み出しましょう。まっすぐ立っていることで、スムーズに1歩目が踏み出せるようになります。左右どちらの足から踏み出してもかまいません。

　ただし、着地の仕方はとても重要です。ポイントは、かかとから着地すること。ですが、かかとで着地することを意識しすぎて、かかとだけで着地時の体重を支えようとしてはいけません。かかとへの負担が大きくなってケガの原因になることがあるからです。

　そこで、かかとから踏み込むと同時に、足の裏全体で地面をキャッチするイメージを持つようにしましょう。そうすることで足全体への負担が少なくなり、よりスムーズな着地ができるようになります。

足元の動き

POINT 1	踏み出した足のかかとから着地。つま先からの着地はNG
POINT 2	かかとから着地し、足の裏全体で体重を支える
POINT 3	拇指球で地面をしっかり蹴って、2歩目へとつなげる

ココが大事！ つま先から着地すると足への負担が大きくなる

着地する際、つま先から着地すると、ふくらはぎなどに大きな負担がかかります。短距離走や球技などでは有効なケースが多いようですが、長い距離を走るマラソン向きの着地とは言えません。負担がかかって足のけいれんなどにもつながるため、必ずかかとから着地するようにしましょう。

NG

ランニングフォームの基本（歩く）

走法解説 1歩目からウォーキングへ

横

POINT 1	かかとから入り、足の裏全体での着地を連続して行う
POINT 2	腕をしっかり振る。ヒジは軽く曲げ、後ろに引くイメージ
POINT 3	視線を遠くに向けると背筋が伸び、バランスを保ちやすい

▶▶▶ ウォーキングでフォームの基礎をつくる

　1歩目を踏み出したら、そのままウォーキングで前へ進んでいきましょう。ウォーキングはゆっくりと動きながら、足の運び方や腕の振り方、腰の高さなど、各動作を確かめることができます。そのため、フォームの基礎を身につける上で、とても有効です。

　ポイントは、かかとから着地→足の裏全体で体重を支える→重心移動して2歩目につなげる、この動作を連続して行うこと。1歩目だけなく、2歩目、3歩目も同じように足を運ぶことが大切です。足の裏全体で着地したら、前に出した足の真上に重心を移動させることで、スムーズに次の足が出るようになります。

　この足の動きに合わせて、腕をしっかり振ることで、ランニングフォームの土台がつくられていきます。

正面

Check Point
つま先
進行方向に向ける。外向きや内向きだと、ヒザや腰に負担がかかる

Check Point
着地場所
両足とも、体の中心に引いた線上に着地するイメージを持つ

ココが大事! 腰の高さを一定に保つことで楽に前へと進むことができる

　腰の高はを一定に保つことを意識しましょう。腰の高さが上下すると、体が上下に動いてしまい、前への推進力が損なわれてしまいます。これは、体幹が安定していないことが原因と考えられます。体幹を意識して背筋を伸ばし、前に踏み出した足にしっかり体重をかけて重心移動を行いましょう。

走法解説

ウォーキングからランニングへつなげる①
ピッチ走法

ココをCHECK!
目線は進行方向にまっすぐ前に向けること

POINT 1	小さい歩幅で走り、脚の回転数を速める
POINT 2	かかとから着地し、足裏全体で体重を支える
POINT 3	歩幅に合わせて、腕もコンパクトに振る

▶▶▶ 小さい歩幅で、回転数を上げる走法

　正しくウォーキングができるようになったら、そのままのフォームでランニングへとつなげていきます。ランニングフォームには大きく分けて、ピッチ走法とストライド走法（38ページ）の2種類があります。優劣があるわけではなく、体型や筋力、柔軟性などに応じて自分に向いている走り方を選択しましょう。

　ピッチ走法とは、小さい歩幅で脚の回転数を上げて走る方法です。体の上下動が少なく、安定感のある走りができます。脚への負担も小さいので、運動をする習慣がなかったランナーにもオススメの走り方です。

　ただし、10人のランナーがいれば、理想とすべきフォームは10種類あります。そのため、基本を踏まえた上で、自分なりのフォームを見つけることが大切です。

> ココをCHECK!
> 歩幅が狭まくても腰が落ちないようにする

POINT 4	体の上下動が少ないぶん、着地時の衝撃が少ない
POINT 5	走行中のペースアップやペースダウンがしやすい
POINT 6	腰が落ちないように注意することで、走りが安定する

ココが大事!

ピッチ走法はペースの変化をつけやすい走り方

　ピッチ走法は、脚の回転スピードに変化をつけることで、ペースアップやペースダウンがしやすい走り方です。無意識にスピードを上げようとすると、つい歩幅を広げてしまいがちですが、そのぶん脚の負担が増してしまいます。そこで、脚の回転数を上げることで、脚への負担を最小限に抑えてスピードアップしましょう。

ランニングフォームの基本(走る、ストライド走法)

走法解説

ウォーキングからランニングへつなげる②
ストライド走法

ココをCHECK!
どのような走り方でも目線は常に前に向ける

POINT 1	大きい歩幅で、ダイナミックに走る
POINT 2	1歩ごとに腰が沈まないように注意する
POINT 3	拇指球で、地面をより強く蹴るイメージで踏み抜く

▶▶▶ 大きな歩幅でダイナミックに走る

　ストライド走法は、ピッチ走法とは異なり、歩幅を大きくして、スピードアップを図る走法です。ダイナミックで見栄えのする走り方と言えるでしょう。

　理屈で言えば、より大きな歩幅に加え、脚の回転数を上げることができれば、それがもっとも速い走り方となります。ですが、ストライド走法は脚を着地する際の衝撃がピッチ走法と比べて大きくなるため、それに耐えられるだけの筋力が必要になります。体力・筋力があり、脚の長い人(身長の高い人)に向いている走り方と言えます。

　ストライド走法で走れる筋力や体格がそなわっているかを、自分で判断するのは難しいでしょう。そこで、まずはピッチ走法で走り、少しずつ歩幅を広げて、自分に合ったストライドを見つけるようにしましょう。

> ココをCHECK!
> 猫背にならないように背筋はまっすぐ伸ばす

POINT 4	歩幅に合わせて、腕も大きく振る
POINT 5	着地時の衝撃は大きいため、筋力が必要になる
POINT 6	ペースチェンジの際は、歩幅を変えたほうがよい

ココが大事! 自分なりのストライドを見つける

　ストライド走法は海外の選手に多く見られるもので、トップレベルで見ても日本では一般的とは言えません。ただし、日本人が絶対にストライド走法に向いていないわけではありません。自分の体型や筋力に合った走法を確立することが、マラソン完走やタイム短縮につながると考えましょう。

ウォームアップとクールダウンの基本理論

ウォームアップと
クールダウンの基本

練習に向けて体を温めるウォームアップ、トレーニング後に体をケアするクールダウン。
練習効率をよくしたり、ケガを予防したりするために、ポイントを理解して必ず行いましょう。

ウォームアップのポイント
- 心拍数を少しずつ上げる
- 筋肉を温める
- その日の調子を確認する

クールダウンのポイント
- 心拍数を少しずつ下げる
- 疲労物質を取り除く
- 心身の緊張をほぐす

▶▶▶ トレーニング前後に不可欠な準備とケア

　マラソントレーニングは日々の継続が大切なぶん、疲労が蓄積しやすく、関節や筋肉に大きな負担がかかります。そのため、ウォームアップとクールダウンを丁寧に行うことが大切です。

　ウォームアップの目的は、トレーニングやレースに向けた準備です。具体的には、心拍数を少しずつ上げ、筋肉を温めて練習開始時の体への負担を減らすこと、関節の可動域を広げてケガを予防することです。さらに、上級者になるとウォームアップをすることで、その日の調子を確かめ、トレーニングの内容を調整することもできます。一方、クールダウンの目的は、トレーニング後に体をケアすることです。呼吸を整えて心拍数を少しずつ下げ、筋肉の疲労物質を抜くことで、翌日以降にダメージが残りにくくなります。

　練習効率のアップやケガの予防のためにも、ポイントを理解し、欠かさず行う習慣を身につけましょう。

✓ メニューチェック　ウォームアップとクールダウンの主なメニューを確認しましょう

☐ ウォーキング （48ページ）

トレーニングの1つだが、ウォームアップやクールダウンとしても有効。少しずつ体を温める、心拍数を落とす、ランニングフォームの習得などが目的。

☐ ジョギング （50ページ）

ウォーキングよりも少し速いペースを意識して行うとよい。ウォームアップやクールダウンで行う場合は、さらにゆっくり走る。

☐ 静的ストレッチ （178ページ）

スタティックストレッチともいう。座る、あるいは立った状態で、反動をつけずに筋肉をゆっくり伸ばす。とくにクールダウンでは、欠かさず行いたい。

☐ 動的ストレッチ （184ページ）

ダイナミックストレッチともいう。動きを伴うストレッチで、筋肉を温めるのに適している。とくに、ウォームアップで取り入れると効果的。

☐ ランニングドリル （190ページ）

ランニングに必要な動きをつくるためのトレーニング。ウォームアップのなかで繰り返し行うことで、効率よく走るための技術を向上させることができる。

ココが大事！　伸ばす筋肉を意識する

静的・動的ともに、ストレッチではどこの筋肉を伸ばしているかを意識することが大切です。そうすることで、神経がその筋肉に向き、ストレッチの効果が増します。リラックスできるからと、音楽を聞きながら行う人もいるでしょう。ですが、筋肉への意識が薄くなるため、基本的にストレッチの際は音楽を聞かないようにしましょう。

ウォームアップとクールダウンの基本理論

ストレッチが必要な体の部位を知る

マラソンでよく使われる筋肉、つまりとくに伸ばすべき体の部位を知っておきましょう。ストレッチを行う際には、「この筋肉を伸ばしている」とイメージしながらやり、ストレッチ効果を高めることが大切です。

Close up! 大きく5つの部位に分けて理解する

① 肩関節
主に肩関節周辺の筋肉。腕を振る際に不可欠な肩甲骨まわりの筋肉のほか、腕の筋肉もしっかり伸ばす。

② 体幹部
腰、お腹、骨盤まわりのことで、腕振りに関わる肩関節と脚のスイングに関わる股関節の動きを支える大切な部分。

③ 股関節
脚の動きや自分の体重を支えるために、とても大切な関節。脚の付け根と殿部の筋肉をしっかりと伸ばすこと。

④ 大腿部
太もも部分のことで、足の着地動作や股関節と下腿部との協調性も重要になる。太ももの表や裏などを入念に伸ばす。

⑤ 下腿部
ふくらはぎやアキレス腱など、ヒザから下の筋肉を指す。大きな筋肉ではないため、酷使すると疲労がたまったり、ケガしたりする恐れもあるため、しっかり伸ばすこと。

Close up! ウォームアップの考え方とやり方

ウォームアップの基本は、体が寝ている状態から徐々に運動強度を上げていくことです。
走り始めに「苦しいな」と感じたときは、ウォームアップが足りない可能性があります。

①ウォーキング

- 時間 5分
- ポイント 体を温める。速く歩く必要はない。トレーニングがジョギングやウォーキングのみの日は、省略してもかまわない。

➡ 具体的なメニューは **48ページ**から

②ジョギング

- 時間 5分
- ポイント とにかくゆっくり走る。ウォーキングからトレーニングへのつなぎと考える。トレーニングがジョギングやウォーキングのみの日は、省略してもかまわない。

➡ 具体的なメニューは **50ページ**から

③静的ストレッチ

- 時間 5分
- ポイント 立つ、あるいは座った姿勢でゆっくり筋肉の伸ばす。左右で筋肉の伸びに違いを感じたら、伸びが悪いほうの筋肉をとくに伸ばす。

➡ 具体的なメニューは **178ページ**から

④動的ストレッチ

- 時間 10分
- ポイント 動きながら、リズミカルな動作で筋肉を伸び縮みさせる。ほんの少し息が乱れるぐらい行う。

➡ 具体的なメニューは **184ページ**から

⑤ランニングドリル

- 時間 5〜10分
- ポイント フォームづくりと走力アップを目的としたドリル。1つ1つの動作を無理なく正確に行うことが大切。疲れるほど行ってはいけない。

➡ 具体的なメニューは **190ページ**から

ウォームアップとクールダウンの基本理論

Close up! クールダウンの考え方とやり方

クールダウンは脈拍数が上がって疲労した状態から、徐々に運動強度を下げていくことです。張りがある箇所があれば、とくにしっかりストレッチでほぐしましょう。

①ウォーキング

- 時間 2分
- ポイント ゆっくりと歩き、呼吸を整える。トレーニングがジョギングやウォーキングのみの日は、省略してもかまわない。

➡ 具体的なメニューは48ページから

②ジョギング

- 時間 5～10分
- ポイント ウォームアップと同じく、ゆっくり走る。トレーニング後は急に休むより、少し動いたほうが体にたまった疲労物質が抜けやすい。

➡ 具体的なメニューは50ページから

③動的ストレッチ

- 時間 5分
- ポイント 動きながら、筋肉をほぐすイメージでストレッチする。時間がない場合、クールダウンでは省いてもよい。

➡ 具体的なメニューは184ページから

④静的ストレッチ

- 時間 10分
- ポイント リラックスしながら筋肉を引き伸ばすイメージで、ゆっくり伸ばす。クールダウンでは必ず行う。

➡ 具体的なメニューは178ページから

ココが大事! いつもすべてを行う必要はない

本書で紹介するウォームアップやクールダウンは、とても内容の濃いメニューです。毎回、すべてやるのが理想ですが、練習時間が限られていて難しい人もいるかもしれません。そこで178～183ページの★印を参考に、省略バージョンで行ってもかまいません。また、筋肉は張り具合などに応じてストレッチを少なめにするなど、自分なりに取捨選択できるとよいでしょう。

▶▶▶ ストレッチで柔軟性や可動域の左右差を確認・調整する

　人間の筋肉は、左右対称とは限りません。人によって左右の筋肉の能力（柔軟性、筋力など）が異なるのです。なぜなら、利き手・利き足や生活習慣などによって、左右で筋肉を使う頻度が異なるからです。

　しかし、左右で筋肉の能力が違うと、バランスのよい走りができません。たとえば、股関節の可動域が違えば、左右のストライドが異なり、走りのバランスが崩れてしまいます。

　また、筋肉の疲労度にも違いが出るため、どちらか一方の腕や脚ばかりが疲労してしまうことになります。そのため、なるべく筋肉の左右差をなくすことが大切です。

　いくつかの静的ストレッチは、関節の可動域や筋肉の柔軟性の左右差を確認・調整することができるので、ぜひ行ってみましょう。

Close up! 左右差確認・改善ストレッチ

右と左の筋肉を交互に伸ばし、筋肉の張り具合や関節の可動域の広がり具合を確認する。差を感じたら、悪いほうを入念に伸ばして調整する。ウォームアップとクールダウン、それぞれの静的ストレッチのなかで行うのが望ましい。また、休養日に行ってもよい。

STEP①
まずは、普通にストレッチを行う。関節の可動域や筋肉の伸び具合について、左右に差がないかを確認する。

POINT
リラックスしつつ、伸ばしている筋肉に意識を集中させ、体が発するメッセージに耳を傾ける。

STEP②
伸びがわるく、硬いと感じたほうを重点的に伸ばして、左右の関節の可動域や筋肉の伸び具合を揃える。

POINT
伸びがわるいほうを手で押すなどして、より入念に伸ばす。筋肉に強い張りを感じた場合も、同様に対処する。

練習の前に／準備期の目標

ジョギングを中心に"足づくり"をする

マラソンに必要な足づくりとは、42.195kmを走るための体をつくることで、土台づくり(28ページ)とほぼ同じ意味です。準備期では、ジョギングをトレーニングの中心に据えて足づくりをします。

準備期の目標
連続30分以上、楽に走れるようになること

準備期で獲得する能力
① マラソンに適した体をつくる
  ● 基礎体力をつける
  ● 体脂肪率を下げる
  ● 心拍数を下げる
  ● 筋力をつける
② 走ることに慣れる
③ 正しいフォームを身につける
④ 走ることを楽しむ

▶▶▶ 楽しんで続けることで、自然に目標を達成する

　足づくりを目的とする準備期では、追い込む練習は必要ありません。無理をしすぎてマラソンが嫌いになっては意味がありません。「また明日も走りたい」と思えるくらいの余力を残しながら練習しましょう。

　とくにフルマラソン完走を目標とする人やビギナーなど、まだ足づくりができていない段階では、とにかく楽しく続けることが大切です。その継続のなかで自然とマラソンに必要な足がつくられていきます。そうするうちにだんだんと走ることが楽になり、時間や距離を伸ばしたトレーニングを自然と行えるようになるでしょう。

　準備期では、週2回程度、1回30〜60分程度のジョギングをトレーニングの中心に据えて、楽しく走っていきましょう。

✓ メニューチェック　**準備期におけるラントレーニングのポイントを確認しましょう**

□ ウォーキング （48ページ）
姿勢よく歩くトレーニング

実施例　週2〜3回／1日30分程度

ポイント　30分のジョギングが続かない場合は、ウォーキングからスタートしてもOK。正しいフォームを身につける練習にもなる。

□ ジョギング （50ページ）
ゆっくりと走るトレーニング

実施例　週2〜3回／1日30〜60分程度

ポイント　苦しく感じない程度にゆっくり走り、脂肪を燃焼させて、マラソンに適した体をつくる。正しいフォームを意識して行うことが大切。

□ ペース走 （52ページ）
一定のペースで一定の距離を走るトレーニング

実施例　週1回／1日6〜8km程度

ポイント　準備期では、時間を目安に一定のペースで走る。30分以上のジョギングを楽にこなせるなら、発展練習として取り入れる。完走目標やビギナーであれば、する必要はない。

[サブ4]　6分00秒／km
[サブ3]　4分10秒／km

□ ウインドスプリント （54ページ）
80%の力で気持ちよく走るトレーニング

実施例　週1〜2回／1日3本程度

ポイント　ゆっくり走る練習が続いたときなどに、刺激を入れる目的で行う。リフレッシュ効果や疲労回復が期待できる。

レベル別到達度チェック　→次の内容がクリアできたら次の期（第2章）に進もう！

サブ3　15kmを4分10秒/kmペースで走り切れるようになったら

サブ4　15kmを6分00秒/kmペースで走り切れるようになったら

ビギナー　8〜10kmを歩かず完走できるようになったら

完走目標　ジョギングを連続30分できるようになったら

メニュー 01 ウォーキング

ラントレーニング（ウォーキング）

ねらい 正しい姿勢で歩く練習です。
ランニングフォームの土台をつくる、練習の前に体を温めるなどの目的で行います。

| リラックスして腕を軽く曲げ、脇を閉める | かかとから入る意識で着地することが大切 | 足の裏全体で、体重をしっかり支える |

▶▶▶ ゆっくり歩く、トレーニングの初歩

　ウォーキングは、姿勢を正してゆっくり歩くトレーニングです。マラソントレーニングのなかでももっとも負荷が軽く、初歩的なトレーニングと言えます。

　準備期の目標である走ることに慣れること、正しいフォームを身につけることに適しています。体力に自信がないうちは、ウォーキングからスタートしましょう。体力がついたら徐々にジョギングの時間を増やすようにすると、無理なくトレーニングできます。また、足の運び方や腕振りの軌道はランニングフォームとまったく変わらないため、ゆっくり動くなかで各動作を確認する意識で行いましょう。

　ウォームアップ（43ページ）やクールダウン（44ページ）の一環としても活用できるので、しっかりと動作のポイントを把握してください。

レベル別アドバイス

完走目標	ビギナー	サブ4	サブ3
歩くことで基礎体力がつくため、積極的にウォーキングしましょう。日常生活のなかに、歩く習慣を取り入れるとよいでしょう。	走ることにつながる動きを常に意識しましょう。普通に歩くときよりも少し歩幅を大きくし、背筋を伸ばして歩きましょう。	ウォームアップに、できる限りウォーキングを取り入れましょう。フォームづくりにもなるので、能力の底上げにつながります。	体を温める意味で最初はウォーキングから入りましょう。その際に、腰の高いフォームを常に意識しましょう。

ヒジは曲げたまま、腕を後ろに引くことを意識する

体重移動の際、腰が上下に動かないようにする

顔と視線は進行方向へ、まっすぐ前に向ける

ココが大事！ 30分ウォーキングで体脂肪が燃焼する

何も考えずにダラダラと歩くのではなく、背筋を伸ばして、目線を前に向けて歩きましょう。ヒジをほぼ直角に曲げ、腕を前後に大きく振る意識も大切。トレーニングだけではなく、日常生活のなかでも1日30分（距離にして3km程度）歩くことで体脂肪が燃え始めるので、1つの目安としてください。

ラントレーニング（ジョギング）

メニュー 02 ジョギング

ねらい ゆっくり走るトレーニング。走ることに慣れたり、フォームを身につけたりするほか、ポイント練習の合間の積極的休養（73ページ）としても効果的です。

| 常に腰の位置を意識し、高く一定に保つ |   つま先ではなく、かかとから着地する |  腕はウォーキングよりも大きく振るイメージ |

▶▶▶ 無理なペースアップに気をつける

　ジョギングは初心者からトップランナーまで、あらゆるランナーに不可欠なマラソントレーニングの基本です。人の体は30分ほど走ると体脂肪が燃焼されて、マラソンに適した体に近づいていきます。準備期ではペースにこだわる必要はありませんが、初心者のランナーは1kmあたり6〜8分のペースで走るといいでしょう。

　足づくりができていない段階では、余裕がありそうだからといってペースを上げすぎると、30分間走り続けることができません。ジョギングはゆっくりしたペースでかまいません。決めた時間（もしくは距離）を、余裕を持って走ることが大切です。

　とにかく楽に走る意識を持ち、少し息が上がるぐらいのペースで、長い時間走ることを心がけましょう。

レベル別アドバイス

完走目標
ウォーキングで体を動かすことに慣れてから、徐々に取り入れましょう。初めは走ったり、歩いたりの繰り返しでOKです。

ビギナー
よいフォームで、正しい動きを意識するように心がけましょう。ペースは気にせず、徐々に距離を伸ばしていきましょう。

サブ4
ペース走(52ページ)やビルドアップ走(90ページ)を確実にこなすためにも、一定のペースを保てるようにしておきましょう。

サブ3
体調や目的に合わせて、速いペースでのジョギング、疲労回復のためのゆっくりしたジョギングなど、使い分けてみましょう。

▎顔と視線は、進行方向にまっすぐ前に向ける

▎つま先は、まっすぐ進行方向に向ける

▎体幹を意識することで、フォームが安定しやすくなる

ココが大事!
よいフォームを意識して軽快なテンポで走る

よいフォームを意識して、正しい動きを身につけられるように心がけましょう。腰の高さをキープし、小太鼓を軽く叩くようなイメージで腕を振って、軽快なテンポで気持ちよく走りましょう。オーバーペースになって、ペースダウンすることのないよう気をつけることも大切です。

メニュー03 ペース走

ねらい 決められた距離を、一定のペースで走るトレーニング。
ペース感覚を養うほか、スタミナやスピード持久力のアップも期待できます。

One Point! アドバイス

距離表示を目安にする

ペース走を行うには、走った距離と時間を把握する必要がある。そこで、距離表示のある場所で行うとよい。表示がない場所では、建物や看板を目印にして、あらかじめ距離を調べておく。

終始同じペースで走ることが大切

一定距離ごとに、タイムを確認する。極端なペース変更をしてはいけない

▶▶▶ 最初から最後まで同じペースで走り続ける

ペース走は、あらかじめ決めた距離を決められたペースで走るトレーニングです。持久力アップだけでなく、レースで欠かせないペース感覚を養うことができるので、実践的なトレーニングと言えます。

ペース走は全トレーニング期をとおして頻繁に出てくる、私が1番重視しているトレーニングです。トレーニング時期や疲労度に応じて、距離やペースを変えることで、負荷を調節することができます。ペース設定の目安は、ジョギングよりも少し速く、かつレースペースよりも少し遅いペース。「ちょっとキツいかな」と感じるぐらいのペースを保ちましょう。

スタミナアップやペース感覚を磨くのに加えて、ATペースの向上（右ページ）に最適なトレーニングといえます。

レベル別アドバイス

完走目標
余裕があるときのみ、ジョギングよりも少しだけ速いペースで、3～4kmの距離を走りましょう。

ビギナー
ペース感覚を養うのが最大の目的。前半飛ばしすぎて、後半ペースダウンすることがないように。準備期では不要です。

サブ4
6～8kmの距離を、ちょっときついくらいのペース（5分40秒～6分00秒/km程度）で走りましょう。

サブ3
マラソンを走るためのレースペース感覚を養うのに最適なトレーニングです。自分に適したペースを身につけましょう。

ペース走のメリット → 長く走れるペースが速くなる

走力アップのためには、ちょっと苦しいけど長く続けられるペース（ATペース）の向上が欠かせません。ATとは有酸素運動と無酸素運動（83ページ）の境界線のことで、この境界線程度のペースをATペースといいます。

このATペースを高めるのに適したトレーニングがペース走です。下図のように、ATペースが向上すると同じペースで走っても息が上がりにくくなります。つまり、楽に走れるペースが速くなるわけです。

ATペースの目安には、血中乳酸濃度（単位：mmol）という値が用いられる。ペース走では2mmolのペースで走ることが理想とされているが、mmolは専門的な検査をしないと計ることができない。そこで、手でも計れる脈拍数（2mmol＝130～160回/分と考える）を目安にする。ちなみに、2mmolを超えると呼吸が「ゼーゼーハーハー」と激しくなるので、そうならないギリギリのペースを保つ意識を持つとよい。

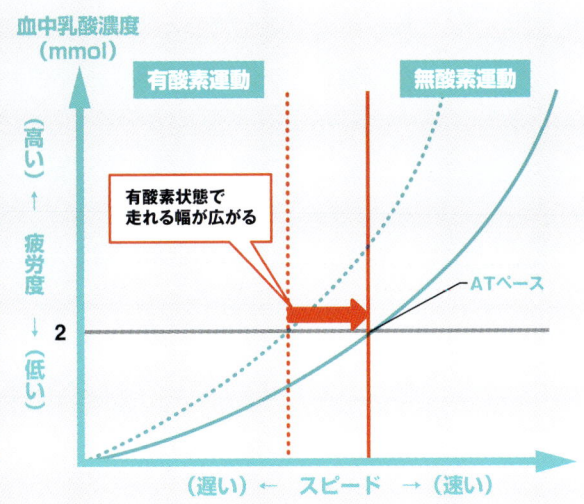

血中乳酸濃度（mmol） ／ **有酸素運動** ／ **無酸素運動** ／ 有酸素状態で走れる幅が広がる ／ ATペース ／ （遅い）← スピード →（速い） ／ （高い）↑疲労度↓（低い）

ココが大事！ レベルの近い人と一緒に走るとよい

ペース走は、レベルの近い人と一緒に行うほうがペースをつかみやすくてオススメです。自分1人で走行距離やタイムを気にしていると、走りに集中できません。ランニング教室や普段同じ公園などで練習している人とコミュニケーションをとるなどして、一緒に走れる人をみつけておくとよいでしょう。

ラントレーニング(ウインドスプリント)

ウインドスプリント
メニュー 04

ねらい 80%程度のスピードで短い距離を走るトレーニング。スピードアップを図るほか、リフレッシュ、スピード系トレーニングへのつなぎとして活用できます。

| 最初は、ジョギングのスピードで走り始める | 少しずつスピードを上げ、気持ちよく疾走する | 80%程度の力で走る。100%の力で走ってはいけない |

▶▶▶ 大きなストライドでダイナミックに走る

　ウインドスプリントは、80%程度の力で50〜100mの距離を走るトレーニングです。追い込む目的ではなく、体に適度な刺激を入れるために行うものです。そのため、たとえ体力面で余裕が残っていても、全力を出し切るように走ってはいけません。

　練習の効果としては、スピードアップや長距離トレーニング後のリフレッシュ、たまった疲労の回復などが挙げられます。また、ゆっくり走るトレーニングからスピードトレーニングへ移る際に、つなぎとして行うのも効果的です。

　本数は3〜5本程度を基本に行います。1本走ったらゆっくり歩いてスタート地点に戻るようにし、呼吸を整えてから次の1本を行うようにしましょう。

レベル別アドバイス

完走目標	ビギナー	サブ4	サブ3
ジョギングよりも大きいフォームを意識し、全力の70〜80%の力で、50〜100mくらいの距離を気持ちよく走りましょう。	ジョギングのスピードでスタートし、徐々に加速します。急ブレーキをかけるのではなく、徐々に減速しましょう。	ウインドスプリントに慣れてきたら、徐々に本数を増やしましょう。1本を走り終えるごとに、呼吸を整えてからスタートしましょう。	スピード練習前だけでなく、長い距離を走って疲れているときに行うと、体がスッキリして疲労が抜けることもあります。

▶ ストライドは大きく。短距離走に近いフォームでかまわない

▶ ダイナミックな動きを意識して気持ちよく走る

▶ 徐々にスピードを落としてフィニッシュする

ココが大事! 加速と減速は徐々に行う

ウインドスプリントでは少しずつスピードを上げていき、最大でも80%程度の力で走り、最後に少しずつ減速してゴールします（右図参照）。スタートから一気に加速したり、スピードを保ったままゴールしたりすると、刺激以上に疲労もたまり、ウインドスプリントの効果が薄れてしまいます。

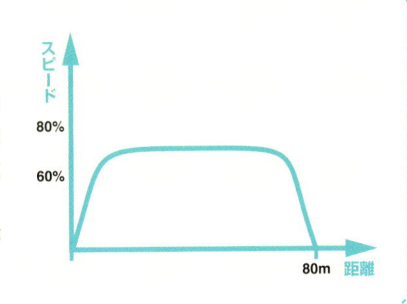

（グラフ：縦軸 スピード（80%、60%）、横軸 距離（80m））

補強トレーニングの基本理論

補強トレーニングで
必要な筋力をつける

マラソンに「マッチョな体」は必要ありません。
しかし、42.195kmを走り切るために、適切な筋肉をつける必要があります。
そこでまずは、筋肉が必要な部位と、その理由を理解しましょう。

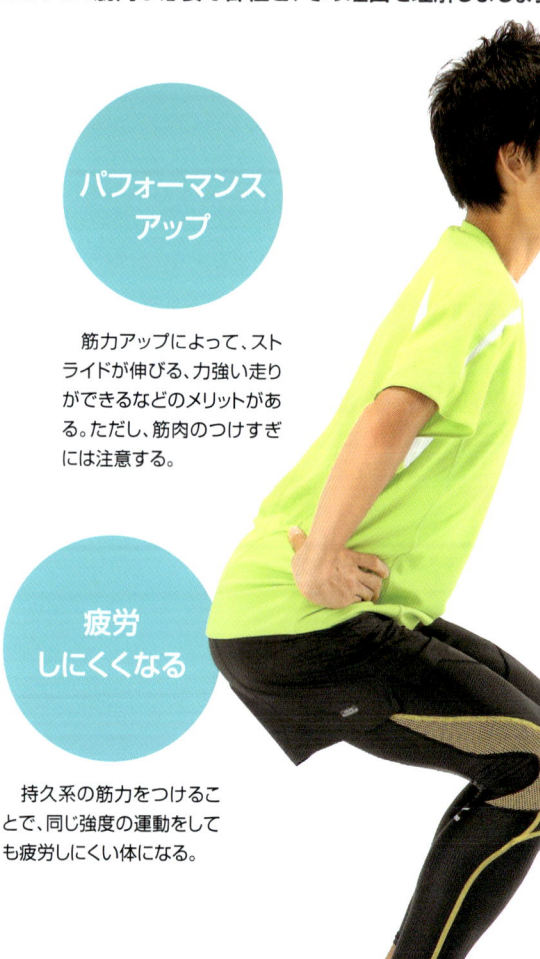

パフォーマンスアップ

筋力アップによって、ストライドが伸びる、力強い走りができるなどのメリットがある。ただし、筋肉のつけすぎには注意する。

フォームのバランス改善

必要な筋肉がないと、正しいフォームで走ることがむずかしくなる。体の前後左右をバランスよく鍛えることで、ロスが減り、効率のよい走りができる。

疲労しにくくなる

持久系の筋力をつけることで、同じ強度の運動をしても疲労しにくい体になる。

故障しにくくなる

筋肉はケガから体を守る鎧にもなる。とくに故障しやすいヒザや腰など下半身から体幹にかけては、しっかり鍛えておきたい。

➡ 具体的なメニューは **194ページ**から

▶▶▶ 補強トレーニングを行う4つの目的

　補強トレーニングを行う目的は、パフォーマンスの向上、フォームのバランス改善、故障の回避、疲労の軽減の4つです。
　マラソンでは、筋骨隆々の体を手に入れる必要はありません。長い時間を走り続けるマラソンでは、余計な筋肉はただの重りとなってしまいます。ただし、何時間も同じ筋肉を使い続けるため、ポイントとなる筋肉をしっかり鍛えておかなければいけません。
　とくに下半身の筋力は、ランニングトレーニングによって自然に身につきます。補強トレーニングが必要な理由は、走るだけでは鍛えられない必要な筋力をつけるためで、補助的な役割であると理解しましょう。

▶▶▶ 足りない部分を見きわめて補強する

　マラソンにおいて筋力が必要とされる部位は、肩や肩甲骨を中心とした肩関節、太ももの付け根あたりを中心とした股関節、そして肩関節と股関節をつなぐ体幹の3ヵ所です。
　肩関節はスムーズな腕振りを、股関節は力強くスピーディな足の運びを、体幹は走り全体の安定を担っています。人によって強い部位、弱い部位に違いもあります。そのため、自分の足りない部分を見きわめ、必要性を理解した上でトレーニングするのが理想です。

Close up! マラソンでは、どこの筋肉を鍛えるの？

マラソンにおいては腕や足よりも、体の中心を重視する。そこで、肩関節と股関節という2つの大きな関節と、それをつなぐ体幹が鍛えるポイントになる。

肩関節＋肩甲骨周辺
肩関節や肩甲骨周辺は、腕振りに関わる部位。また、心肺へ効果的に酸素を取り入れるために、上半身の正しい姿勢を身につけるためにもしっかり鍛える。

体幹
体幹とは腰や腹を中心とした筋肉群のことで、安定させることで腕振りや脚の動きが支えられる。走り全体の土台となるため、体幹から最優先で鍛える。

股関節＋下半身
股関節を含む下半身の筋肉は、ランニング動作の向上やケガの予防のために大切な部位。前後左右（58〜59ページ）でバランスよく強化する。

補強トレーニングの基本理論

筋力差を減らすことでパフォーマンスアップ

ほとんどの筋肉は、体の前後と左右でそれぞれ対応関係にあります。前後と左右の筋力に大きな差がなければ、体はバランスのとれた状態になります。ですが、意識的に鍛えていない限り、前後左右のバランスが均等になっている人はいないでしょう。また、利き腕・利き足や生活習慣などによって、バランスが崩れているケースも多く見られます。そのため、その筋力差を少しでも減らし、バランスのとれた体をつくることがマラソンのパフォーマンスアップにつながります。まずは、前後左右とクロスのバランスを理解することから始めましょう。

Close up! ① 前後のバランスを考えて鍛える

前後とは、大腿四頭筋（太もも前面）とハムストリングス（太もも後面）のことです。たとえば大腿四頭筋が強く、ハムストリングスが弱いと骨盤が前に傾き、後ろに腰を反ったような姿勢になりやすくなります。この姿勢の悪さを、意識だけで強引に矯正するのは効率的ではありません。足りない筋肉を鍛えたり、ストレッチをしたりして、バランスを整えることで、自然とフォームがよくなるようにすべきです。

①前の筋肉が強すぎる

前の筋肉のほうが強すぎると、前かがみになる。骨盤が前に引っ張られるため前傾しやすくなり、腰にも負担がかかる。

②後ろの筋肉が強すぎる

後ろの筋肉のほうが強すぎると、骨盤が後ろに引っ張られるため、後傾になりやすい。

Close up! ② 左右のバランスを考えて鍛える

左右のバランスとは、右脚と左脚の筋力差のことです。右脚の筋肉が強ければ走っているときに体は左へ流れやすくなり、反対に左脚の筋肉が強ければ体は無意識に右へ流れます。ロスなく走るためには、真っすぐ走る必要があるため、筋肉が足りないほうの脚を意識的に鍛えましょう。

①左右のバランス

ひと口に脚の筋肉といっても、大腿四頭筋(太もも前面)やハムストリングス(太もも後面)、大腿内転筋群(太もも内側)など多くの筋肉がある。これらすべての左右バランスがとれている状態が理想になる。

②バランスが悪いと……

バランスが悪いと、走行中に無意識に体が左右に流れる。無理矢理まっすぐ走ろうとすると、エネルギーのロスが生まれるため、筋肉を鍛えてバランスをとる。

Close up! ③ クロスのバランスを考えて鍛える

走る動きは、右脚が前に出ると同時に左腕が前に出るといった具合に、クロスする動きになります。このクロスの動きも筋力差によって、「右脚と左腕を前に出すときはスムーズだが、左脚と右腕を前に出すときはぎこちない」のような差が出ます。本書では、これをクロスの筋力差といいます。発揮できる筋力に差があると、左右の筋力差と同じく、走っている体が左右どちらかに流れてしまいます。また、疲労が一方にかたよることで、故障のリスクも高まります。

クロスのバランス

走る動きは体幹を中心に上半身と下半身で、左右が逆に動く。この動きは常にクロスする関係になるため、クロスの筋力差も重要なポイント。

補強トレーニングの基本理論

前後左右のバランスを簡単なテストでチェックする

筋力のバランスは自覚しにくいものです。そこで、簡単なチェックテストを行って、前後と左右でどちらの筋肉が強い（弱い）かを把握し、補強トレーニングに活かしましょう。

その場ジャンプ・片足着地 → 左右のバランスを確認する

やり方
① その場で5回ジャンプ
② 5回目の着地は、右足一本で着地する
③ 左右のどちらに体が傾くかを確認する
④ 左足でも同様に行い、体の傾きを確認する

左足着地で左に傾く場合

右足で体を支えられず、骨盤が右に傾いてしまっている状態。同じ側のお尻や太もも周辺の筋肉の柔軟性の欠如が原因と考えられる。右側のお尻の筋肉や、右寄りお腹の筋肉を鍛えることで左右のバランスをとる。

左足着地で右に傾く場合

左へ骨盤が傾かないように、支持足側（支える側の足）にあらかじめ体を傾けている。これは反対側の腰や背中の筋肉のほうが強いことが原因。左側のお尻や腹筋を鍛えることで、体全体のバランスをとらなければならない。

目隠し足踏み　→ 前後、左右のバランスを確認する

やり方

① 足元にT字を書き、スタート位置を確認する
② 目をつぶり、肩幅に足を開き、目をつぶる
③ その場で30秒間足踏み
④ スタート位置からどのぐらい移動しているかを確認する

右方向に動く場合

左側の筋肉、とくに左足の筋肉が強い傾向がある。右側の筋肉を重点的に鍛えることで、筋力のバランスをとる。

左方向に動く場合

右側の筋肉、とくに右足の筋肉が強い傾向がある。左側の筋肉を重点的に鍛えることで、筋力のバランスをとる。

ココが大事! 走っているときや走り終わった後の疲労を意識してみよう

このページでは簡単なテストを紹介しましたが、走っているときや走り終わった後に疲労具合を確認することで、体のバランスが崩れているかどうかをチェックすることもできます。

たとえば、走り終わった後に左足のふくらはぎが右足のふくらはぎに比べて張っている場合は、体の重心が左にかたよっている可能性があります。フォームに問題がある可能性などもあるため、断言はできませんが、目安にはなるでしょう。もっともバランス面だけでなく、常に自分の体と向き合うことが大切なので、日々の練習から意識しましょう。

補強トレーニングの基本理論

▶▶▶ 目的によって鍛え方が異なる

筋肉を鍛える目的によって、トレーニング方法は異なります。鍛える目的とは、筋力を上げる（筋力向上）、筋肉を大きくする（筋肥大）、長く力を発揮させる（筋持久力）の3つです。それらの目的に応じて、負荷、回数、休憩時間、セット数を調整します。

まず、筋力向上が目的の場合は、自分の限界に近い負荷で1～5回トレーニングを行い、2～5分程度の休憩を挟んで、これを2～6セットほど行います。次に筋肥大が目的の場合は、負荷を70～85％程度にして6～12回トレーニングを行い、30～90秒程度の休憩を挟んで、これを3～6セットほど行います。最後に筋持久力が目的の場合は、65％以下の負荷で15～20回トレーニングを行い、休憩は30秒以下、これを2～3セットほど行います。下の表を参考に、目的に応じて鍛え方を変え、効果的に補強トレーニングを行いましょう。

Close up! 筋肉を鍛える目的とトレーニング方法を知る

筋力向上
発揮できる最大筋力を大きくする。運動経験の少ない人は、とくに意識して鍛える。

筋肥大
筋肉そのものを大きくする。これも運動経験の少ない人は、とくに意識して鍛える。

筋持久力
筋肉が力を発揮する時間が長くなる。マラソンで最重要といえる筋力。

	最高反復回数(%RM)	セット数	休憩時間
筋力向上	1 (100)	2～6	2～5分
	2 (97.5)		
	3 (92.5)		
	4 (90)		
	5 (87.5)		
筋肥大	6 (85)	3～6	30～90秒
	7 (82.5)		
	8 (80)		
	9 (77.5)		
	10 (75)		
	11 (72.5)		
	12 (70)		
筋持久力	15 (65)	2～3	30秒以下
	20 (60)		

注）RM（Repetition maximum）とは、反復が可能な最大の回数のこと。1回負荷をかけた場合は1RMで、かけた負荷（挙重量）は100％となる。この1RMをもとにトレーニングを反復した回数から、負荷の％を推測したものを％RMという。つまり、反復回数を増やせば、自然と1回あたりの負荷は下がり、筋肉の鍛えられ方も変わる。

▶▶▶ 3つの筋力をバランスよく鍛える

マラソンでは、筋持久力がもっとも大切です。しかし、筋持久力を目的としたトレーニングばかりを行っていると、どこかで筋持久力の成長が止まります。筋肉は筋力向上、筋肥大、筋持久力などさまざまな刺激を与えないと、どこかで能力が頭打ちになってしまうのです。

筋力向上や筋肥大は、いわば筋持久力を高めるための土台です。つまり、それぞれの能力をバランスよくトレーニングすることで、筋持久力の限界値を高められるのです。

Close up! トレーニングの量(回数)と質(負荷)の考え方を知る

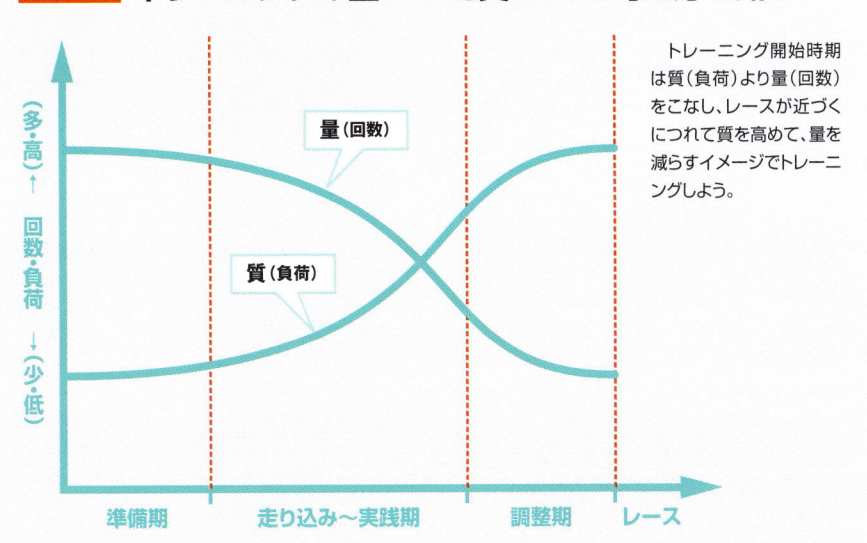

トレーニング開始時期は質(負荷)より量(回数)をこなし、レースが近づくにつれて質を高めて、量を減らすイメージでトレーニングしよう。

Close up! ランニングトレーニングとのバランスを考える

補強トレーニングは、その名のとおり補うためのトレーニングです。あくまでランニングトレーニングを中心に考え、補強はバランスを考えて行うことが大切です。そのため、たとえば下半身の補強トレーニングは、ランニングトレーニングと別の日にしたほうがよいでしょう。どうしても同じ日に行う場合は、ランニングトレーニングの前に行います。走った後は疲労がたまっているため、補強トレーニングの姿勢が崩れ、効果が出なかったり、故障の原因になったりするためです。

	月	火	水	木	金	土	日
RUN	●		●		●		
上半身	●		●		●		
下半身		●		●		●	
体幹	●	●	●	●	●	●	

注) たとえば週3回走るなら、左の表のようにバランスをとるとよい。表はあくまでイメージで、必ずしも毎日行う必要はない。自分のペースでトレーニングしよう。

シューズ、ウェア、グッズの基本

自分に合ったシューズ、ウェア、グッズを選ぶためのポイント

現在、シューズやウェアなど数多くのランニンググッズが販売されています。練習効率のアップやケガの予防、さらにモチベーションアップのために、グッズ選びの基本的なポイントを理解しましょう。

①自分に合うもの
「自分に合うかどうか」は大切な判断基準。また、走っているときに圧迫感や違和感を避けるために、サイズ選びも慎重にする。

②機能性
シューズのソールの厚さやウェアの通気性など。最新グッズは機能性の高いものが多いが、自分に必要な機能を持ったものを選ぼう。

③デザイン性
「お気に入りのウェアを着るために走る」といったモチベーションの維持方法は、とても有効。楽しくマラソンを続けるコツだ。

▶▶▶ 自分に必要なグッズを選ぶ判断基準を知る

近年ではマラソンブームもあり、数多くのマラソングッズが開発、販売されています。実際、スポーツショップに行くと、どれを購入すべきか困ってしまうこともあるでしょう。

しかし、最初から完璧に買い揃える必要はありません。まずは最低限必要なものを買い揃え、マラソンを続けていくなかで必要なものを買い足していきましょう。

ポイントはできるだけ、試着して購入すること。シューズやウェアはサイズがしっくりこないと、走っているときのストレスになります。また、スポーツショップに行けば、専門知識を持ったスタッフがいるので、機能面や有効性のアドバイスを求めてみましょう。さらに、デザイン面も大切です。自分が気に入ったものを身につけていると、それだけでモチベーションが上がります。

▶▶▶ シューズ選びのポイントはフィット感とクッション性

マラソンシューズと言っても、種類や機能はさまざまです。実際に専門ショップに足を運べばわかりますが、あまりにも種類が多すぎてどれを選べばいいのかわからないという人も多いでしょう。

もちろん、スタッフなどの専門家にアドバイスを受けることが大切ですが、実際に履いて走るのは自分なので、最終的には自分で気に入ったものを選ばなければいけません。

そこで、判断基準としてフィット感とクッション性に注目しましょう。この2つを満たしていれば、走っているときのストレスは感じないはずです。シューズ購入時のポイントとして、ぜひ参考にしてください。

①フィット感

サイズはもちろん、自分の足の形に合うことが大切。さまざまな足型に合わせたシューズが販売されている。横幅が狭い、高さ（厚み）があるなど、メーカーやモデルの傾向をショップスタッフに聞きながら、自分に合うシューズを探そう。

②クッション性

クッション性が高いシューズは、足首やヒザ、腰などへの負荷が軽減できる。とくに初心者は、ランニングフォームが固まっていないため、最初の1～2ヵ月はクッション性の高い（ソールが厚めの）シューズがオススメ。

ココが大事! ソールの厚さでシューズを使い分ける

より効率よく練習するために、ソールが厚いものと薄いものを使い分けることがオススメです。練習場所や目的に応じて、シューズを使い分けてみましょう。コンクリートを走るときはソールの厚いシューズ、陸上トラックなどラバーでコーティングされている道を走るやレースではソールの薄いシューズといった具合に使い分けることで、ケガなどのリスク軽減や記録更新につながります。

ソール

シューズ、ウェア、グッズの基本

▶▶▶ ランニンググッズを知ろう

ランナー向けのグッズは数多く販売されています。あまりにも種類が多すぎて、何を買えばいいのか迷う人もいるでしょう。そこで、ここではランニンググッズの特徴と機能を簡単に解説します。必ずしもすべてのグッズを買い揃える必要はありません。ウェアを始め、走りに集中するためには欠かせないもの（夏なら帽子とサングラス、冬なら手袋とジャージーなど）もあるので、少しずつ揃えるとよいでしょう。

☐ ランニングシャツ

速乾性に優れたものが主流。体にフィットしたサイズを選ぶと、走りの妨げにならない。モデルによっては消臭テープがついたものもある。

☐ ノースリーブシャツ

真夏の炎天下など、暑い時期に着るランニングウェア。汗がすぐに乾く速乾性のあるモデルを選ぶと、より快適に走れる。

☐ ランニングパンツ

丈の短いランニング用パンツ。太ももを覆わないため、走りの妨げになりにくい。下にランニングタイツを履いてもOK。

☐ ランニングタイツ

ランニングパンツ（女性はランニングスカート）の下に履くタイツ。厚めのモデルもあり、タイツのみで走ってもよい。ほどよい圧迫で筋肉を刺激する。

☐ ジャージー

秋から冬にかけて、気温が低い日はジャージーを着る。とくに走り始めは体が冷えているので、保温効果のあるモデルが望ましい。

☐ ウインドブレーカー

強い風を長時間、体に浴び続けると、それだけで体力を奪われる。春先などの風の強い時期は、風を通さないウインドブレーカーが必須。

帽子

　強い日差しを避けるため、夏は帽子を被って走る。ツバの長いものが理想で、通気性が高いと頭が蒸れずに快適に走ることができる。

手袋

　冬は手先から冷えてくる。手袋をして走ると、体が温まりやすく、パフォーマンスアップにもつながる。指先の空いたタイプもある。

サングラス

　帽子同様、夏のランニングに不可欠なアイテム。強い日差しで目を痛めないよう、顔にフィットするスポーツ用サングラスをかける。

ハンドタオル

　汗を拭くためのタオルは、吸水性の高いものがよい。ランニング後に体を冷やさないために、大きめのスポーツタオルを使ってもよい。

ウエストポーチ

　財布などの貴重品を置いておく場所がない場合は、ウエストポーチに入れて走る。体にフィットしたものなら、走りの邪魔にならず便利。

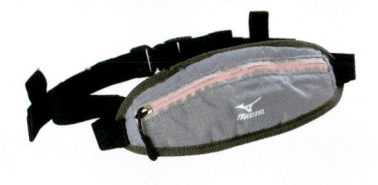

アームポーチ

　ウエストポーチよりも小型のポーチで、二の腕に着用する。小銭や小型の音楽プレイヤー程度なら、重みが走りに影響を及ぼすこともない。

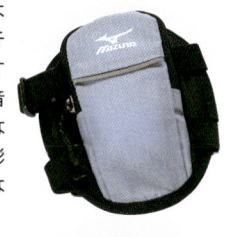

ワセリン

　マメを予防するために、足の裏などに塗る軟膏。マメができやすい人などはトレーニング前に塗っておく。また、寒い日には防寒にも役立つ。

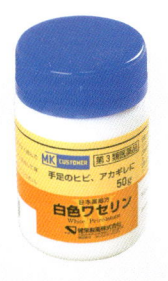

アームバンド

　夜間、走るときは反射板がついたアームバンドを腕に巻いておくと、車からの視認性が高まる。街中を走る場合は、安全確保も大切。

食事、栄養の基礎知識①

ランナーらしい食生活を心がけて体づくりと体調管理をする

準備期における食事面の課題は、ランナーらしい食生活になることです。栄養素まで細かく気を使う必要ありませんが、不健康な食生活になりがちな人は、自分の食生活を見直してみましょう!

油もの・スナック菓子は避ける

油を多く使った料理や、スナック菓子などのジャンクフードは避ける。脂肪分が多いだけでなく、エネルギーにならない。

大量の飲酒は避ける

いっさいのお酒を断つ必要まではないが、飲みすぎはオススメできない。とくにハードな練習前や、レース前は控える。

バランスのよい食事にする

肉、魚、野菜をバランスよく食べる。1回の食事でバランスがとれない場合は、1日単位で考えてもかまわない。

▶▶▶ 意識して、ランナーらしい食事を心がける

　準備期では食事について、あまり神経質になる必要はありません。もちろん、高いレベルを目指すなら摂取する栄養素にも気を配るべきですが、現実問題として理論に沿って完璧に食事を管理することは難しいでしょう。

　しかし、まったく食事について考えたことがないという人は、必要最低限の知識を身につけ、ランナーらしい食生活になるように心がけることが大切です。日々の生活のなかで、可能な範囲で実践していきましょう。

　ポイントは油ものを控える、大量の飲酒を避ける、バランスのよい食事を心がける、の3つ。まずは、「ランナーらしい食生活にする」という意識を持ち、意識改革を目指しましょう。そうすることで自然と食生活が正され、ランナーとしてのみならず、健康によい食事になります。ぜひ実践してみてください。

Runner's Check! 走る時間に応じて食事を摂る

① 朝ランの場合

　前日の夜にしっかり食事を摂っていれば、朝起きてから走る前に食事をしなくてもかまわない。ただし、朝起きた直後は目が覚めていても、体は寝ているため、少なくとも15分以上経ってから走り始める。空腹を感じる場合は、エネルギーになりやすく消化のよいもの（バナナなど）を食べるとよい。

② 夜ランの場合

　夜に走る場合は、食後3時間以上経ってからにする。食べたものが消化され、エネルギーになるまでに、3時間かかるためだ。早めに帰宅できる日や会社・学校の近くで走る場合は、夕食前に走ってもOK。朝ランの場合と同じく、空腹を感じる場合はバナナなどを食べるとよい。

ココが大事！ 最低限押さえておきたい栄養素を知る

　準備期からも積極的に栄養面に気を配りたい人は、炭水化物、タンパク質、脂肪、ビタミン、ミネラルを摂取するように心がけましょう。炭水化物はエネルギーに、タンパク質は筋肉になります。また、長時間走ると鉄分が失われます。そのため、レバーやひじきなど、鉄分（ミネラル）を多く含む食材を使った料理を食べることが大切です。また、ビタミンCやビタミンB群は尿や汗とともに排出されるため、毎日補給しなければいけません。

炭水化物
米、パン、うどん、そば、パスタ、芋類など

タンパク質
肉類、豆腐、チーズ、ヨーグルトなど

ミネラル
ひじき、レバー、牛乳、小魚、ほうれん草など

ビタミンC、B群
ニンジン、うなぎ、柑橘系のフルーツなど

ランニング障害の基礎知識

ランナーに起こりやすい
ケガの基礎知識と対処法

スポーツにケガはつきもの。マラソンも例外ではありません。
ただし、マラソンでは人や物との接触によるケガはほとんどありません。
そのため、自身の体を知り、無理しないこと、そして適切なケアや予防が大切になります。

▶▶▶ 故障したら無理せず、治してから走る

どんなにケガに対するケアや予防をしても、故障をしてしまうことはあります。大切なのは、自分の体を知り、無理をしないこと。走ったり、ストレッチするなかで、違和感（筋肉の張りや関節の痛みなど）はないか、体が発するメッセージに常に耳を傾けるようにしましょう。走れないほどの症状になる前に、ケアすることが大切です。

ケガには、ヒザや腰の痛みなどといった関節痛から筋肉を壊してしまうトラブルまで、さまざまなものがあります。主な原因はオーバートレーニング、筋力不足、フォームの乱れの3つに集約されます。症状を確認していくことで、ある程度はケガの原因をつきとめ、対処することはできるでしょう。ただし、安易な自己判断は禁物です。体が普段とは違う感じがしたら、専門医の診察やアドバイスを受けましょう。

`Runner's Check!` **主なケガを知る**

長時間、同じ動作を繰り返すマラソンには特有のケガが多い。
個人で完璧に対処することは難しいが、基礎知識として把握しておこう。
いずれにせよ、早めに病院で診察を受ける意識が必要だ。

①スネの痛み（シンスプリント）

　下腿部（ヒザから下の部分）の前面の痛みを総称して、シンスプリントと言う。ビギナーに起こりやすく、走りすぎやシューズが足に合っていないことなどが原因と考えられる。筋力を強化したり柔軟性を上げたりすることで、痛みが引く。ランニングトレーニングは休んだほうがよいが、その際は心肺機能が低下しない工夫をしたい。

②アキレス腱痛

　アキレス腱に炎症が起きている場合や、筋組織がわずかに断裂している可能性がある。原因には、ふくらはぎの疲労やランニングフォームの乱れのほか、シューズが合わない、硬い路面で走りすぎていることなどが考えられる。正しいフォームが身につくことで自然と治まる。また、ふくらはぎのストレッチやマッサージ、足底をほぐすことも効果的。

③ヒザ痛

　ヒザの下部や外側が痛む場合は、筋肉の低下や柔軟性の低下が考えられる。鋭い痛みを感じる場合は、無理せず、早めに病院で診察を受けるべきだろう。鈍い痛みの場合は、マッサージや筋力強化でケアすることができることもある。

④疲労骨折

　小さな衝撃・負荷が同じ場所にかかることで発症する。長時間、同じ動作を繰り返す競技では、とくに起こりやすい。足やスネなどで起こりやすく、オーバートレーニング、フォームの悪さから1ヵ所に負荷が集中するなどの原因が考えられる。すぐに病院に行き、ランニングトレーニングは完全に休むこと。

⑤つる（こむら返り）

　筋肉のけいれんでふくらはぎに起こることが多く、予防方法としては練習前のストレッチや、ミネラル（カルシウム、ナトリウムなど）の補給などがある。また、地面を強く蹴りすぎるなど、ふくらはぎを酷使する走り方から発症するケースもあるため、ランニングフォームの見直しも必要になる。

ランニング障害の基礎知識

Runner's Check! ケガにつながる主な原因を知る

①オーバートレーニング

原因 市民ランナーにもっとも多く見られるケース。「タイムを短縮したい」との思いや「とにかく走る距離（量）が大切」という誤解から、トレーニングしすぎてしまう。

対処法 練習量を減らす。走る量をいくら増やしても、質が伴わなければタイム短縮は期待できない。また、疲労がたまることで、記録が落ちてしまうケースもある。本書で提案しているプログラムを参考に、自分に合ったトレーニング量を見きわめよう。

②筋力不足

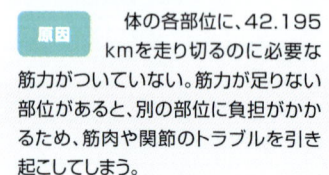

原因 体の各部位に、42.195kmを走り切るのに必要な筋力がついていない。筋力が足りない部位があると、別の部位に負担がかかるため、筋肉や関節のトラブルを引き起こしてしまう。

対処法 走るだけでは鍛えきれない部分を補強トレーニングで補う。鍛えすぎも禁物で、各部位の筋力をバランスよく、過不足なく鍛えることが理想。56～63ページで補強トレーニングの基礎知識を学び、194～205ページから自分に必要なトレーニングメニューをチョイスしよう。

③フォームの乱れ

原因 フォームが悪いと、負担が特定の部分に集中してしまう場合がある。負担が集中すれば、その部分は故障という形で表面化する。

対処法 全身の筋力と、ランニングフォームのバランスを整える。補強トレーニングで前後、左右とバランスのよい体をつくり、ランニングドリルで正しいフォームを身につける。これにより、特定の部分に負担が集中することを防げる。

常に自分の体の調子に、耳を傾ける癖をつけたい。

▶▶▶ トレーニング、食事、睡眠のバランスを保つ

　食生活の乱れや睡眠不足が原因で、故障するケースもあります。とくに市民ランナーは仕事や学業との両立が基本なので、食事が疎かになり、睡眠時間が十分にとれなくなりがちです。

　そこで、下図のようなバランスを意識してみましょう。トレーニング、食事、睡眠で表した三角形が、常に正三角形であることが理想です。つまり、トレーニング量が増えたら、それに応じて食事量も睡眠量も増やし、トレーニング量が減ったら食事量も睡眠量も減らします。何かしらの理由でこのバランス（正三角形）が崩れると、それだけ故障のリスクが高まったことを意味します。

　練習日誌（23ページ）をつけるなどして、常に自分のトレーニング量と食事、睡眠のバランスを把握しておくようにしましょう。

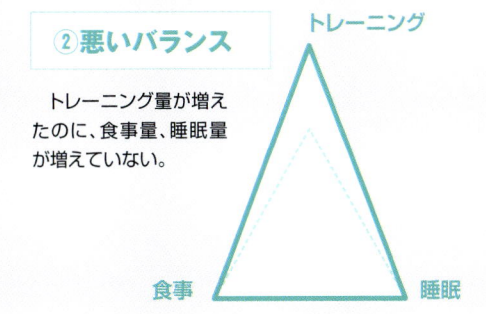

①正しいバランス
トレーニング／食事／睡眠

②悪いバランス
トレーニング量が増えたのに、食事量、睡眠量が増えていない。

▶▶▶ コンディションに応じて柔軟に休養をとる

　トレーニングが順調に進んでいるときほど、休養をとりにくくなりがちです。それまで積み重ねてきたことが失われてしまうのを恐れ、多少の違和感であればトレーニングを続けてしまう人もいるでしょう。ですが、それが大きなケガにつながります。トレーニング量をこなしているときこそ、しっかり休養もとるべきです。

　ここでは症状に合わせて、休養方法を積極的休養、短期完全休養、長期完全休養の3つに分類しています。勇気を持って休養をとることが、結果としてレースでの好結果をもたらすということをしっかり覚えておきましょう。

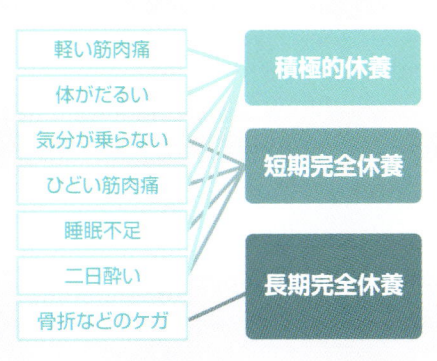

積極的休養（軽い筋肉痛／体がだるい／気分が乗らない）
ジョギングやウォーキング、ストレッチなどの軽い運動で、血行をよくし、疲労回復をうながす。ケガの様子を見る際にも効果的。

短期完全休養（ひどい筋肉痛／睡眠不足）
トレーニングはいっさい行わないが、あくまでも短期的なもの（1～2日）。しっかり休むことで、短い期間でも体は回復する。

長期完全休養（二日酔い／骨折などのケガ）
治るまでしっかり休む。完治させないで走ると、慢性的なケガにつながるケースもある。ただし、故障していないところは積極的に動かして筋力の低下を抑えたり、心肺機能を低下させないようにする。

練習プログラムの組み方

練習プログラム 運動未経験者モデル（準備期）

ねらい　マラソンだけでなく、スポーツ経験があまりないという人を対象としたプログラム。週2回のトレーニングを実施し、最低限の体力と運動する習慣を身につけることが目標になります。

	月	火	水
第1週	休養	休養	●ウォーキング 20分 ●ジョギング 10分
第2週	休養	休養	●ウォーキング 10分 ●ジョギング 20分
第3週	休養	休養	●ジョギング30分
第4週	休養	休養	●ジョギング30分 ●ウインドスプリント 3本

□ 色のマス＝つなぎの練習　　■ 色のマス＝ポイント練習

▶▶▶ ゆっくり体を動かし続けることを意識する

　これまでしっかりとスポーツをした経験がない人にとっては、30分間走ることはハードルが高く感じるでしょう。しかし、ゆっくりであれば、どのような人にとってもそれほど難しくありません。ポイントは、とにかくゆっくり走ること。上記のプログラムでは、ウォーキングを多く組み込んでいます。つまり、最初のうちは30分のジョギングがきついと感じるなら、ウォーキングからスタートしてもかまわないのです。

　また、気持ちが乗ってきて、ついスピードを速めてしまうことはよくあります。わるいことではありませんが、疲労して決めた時間を走り切ることができないようでは、メニューを消化したとは言えません。最初の1ヵ月はスピードではなく、しっかり動き続けることを意識しましょう。そうすることで、体力は自然についてきます。

アレンジ 1　日々の生活の中に運動を取り入れる

この時期は、体力養成の期間です。週2日のトレーニングのほかに日常の生活のなかで、基礎代謝を上げるために、歩く時間を増やせるよう工夫しましょう。たとえば、エレベーターなどを使わずに歩く、すぐにタクシーに乗らずに歩くなど。

アレンジ 2　速いウォーキングで練習効率を高める

まだ運動に慣れていない人は、ゆっくりのウォーキングでかまいません。ただし、慣れてきたら、早歩きのような要領でウォーキングのスピードを上げてみましょう。より効果的なトレーニングになります。

木	金	土	日
休養	休養	●ウォーキング 15分 ●ジョギング 15分	休養
休養	休養	●ウォーキング 5分 ●ジョギング 25分	休養
休養	休養	●ウォーキング 10分 ●ジョギング 30分	休養
休養	休養	●ジョギング15分 ●ビルドアップ走 30分 （余裕があれば、残り10分ペースアップ）	休養

ジョギングを連続30分できるようになったら　**次の章へ ➡**

ココが大事！　準備期は無理せず継続することが大切

準備期は、実は多くの人がマラソンを諦めてしまう時期でもあります。理由は人それぞれですが、長い距離を走ることに慣れていないため、「やっぱり自分には無理だ」と気持ちの面で諦めてしまうケースが多いように感じます。

そこで準備期では、とにかく無理しないことを心がけましょう。第4週以降に設定したウインドスプリントについても「まだ無理かな」と思ったら、やらなくてもかまいません。自分なりのやり方を加えつつ、走ることの継続を優先していきましょう。

練習プログラムの組み方

練習プログラム 標準モデル（準備期）

ねらい 運動経験はあるが、マラソンは初めてというレベルを対象とした準備期のプログラムです。前半はウォーキングを交えて走り、少しずつジョギングを中心としたメニューへと移ってきましょう。

	月	火	水
第1週	休養	休養	●ウォーキング 10分 ●ジョギング 20分
第2週	休養	休養	●ジョギング 30分
第3週	休養	休養	●ジョギング 30分
第4週	休養	休養	●ジョギング 30分 ●ウインドスプリント 3本

☐ 色のマス＝つなぎの練習　　☐ 色のマス＝ポイント練習

▶▶▶ 体力アップ＆長距離に慣れるプログラム

　運動経験はあるものの、マラソンなどの長距離走は初めてというビギナーの人は多くいるはずです。実際、私のクラブにいらっしゃるビギナーのランナーにも多くいるタイプです。こういった人は、運動そのものには慣れているため、違和感なくマラソン練習を始められますが、長い時間ゆっくり走るということに慣れていないため、わかりやすく言うと途中で飽きてしまう人が多いように感じます。体力的に無理という理由ではないため、余計にもったいないケースであると言えるでしょう。

　そこで、まず準備期では、長距離に慣れることから始めましょう。必要以上にスピードを上げる必要はないので、とにかく決められた時間をしっかり走り切ることを意識して取り組んでください。

アレンジ 1	キツいと感じたら簡単な練習に変更

準備期では、30分間続けて走ることを目標としています。ただし、第3週水曜日から設けているジョギング30分が難しい場合は、途中でウォーキングに変えてもかまいません。できる限りスピードを速めたウォーキングにしましょう。

アレンジ 2	トレーニング後はなるべくクールダウン

長い時間を走ったり、速く走ったりしたあとは、少しの時間でもクールダウンして体の疲労を取り除きましょう。また、じっくりストレッチする時間がとれない人は、3分程度でもよいのでウォーキングで徐々に体を冷ましましょう。

木	金	土	日
休養	休養	●ウォーキング 10分 ●ジョギング 20分	休養
休養	休養	●ウォーキング 10分 ●ジョギング 20分 ●ウォーキング 5分 ●ジョギング 20分	休養
休養	休養	●ジョギング 25分 ●ウォーキング 10分 ●ジョギング 25分	休養
休養	休養	●ペース走 6〜8km 設定ペース： 7分00秒〜7分30秒/km	休養

8〜10kmを歩かず完走できるようになったら　次の章へ ➡

ココが大事！ 状況に応じてプログラムを調節

準備期に限らず、すべての期に言えることですが、本書で紹介しているプログラムはあくまでも目安です。同じような運動経験を持っていても、人によって必要なプログラムは異なります。体力も違えば、疲労度も異なるため、プログラムを消化していくなかで、自分なりのアレンジを加えることが大切です。余裕があるときは走る距離（時間）を増やす、疲労がたまっているときは軽めに済ませるなど、自分の体と対話をしながら、トレーニングを進めていきましょう。

練習プログラムの組み方

運動経験者モデル（準備期）

ねらい 競技を問わず運動が得意な人、あるいは長距離走の経験がある人などを対象としたプログラムです。体力の強化が主な目的ですが、ペース配分も意識して走りましょう。

	月	火	水
第1週	休養	休養	●ジョギング 30分
第2週	休養	休養	●ジョギング 30分 ●ウインドスプリント 3本
第3週	休養	休養	●ジョギング 30分 ●ウインドスプリント 3本
第4週	休養	休養	●ジョギング 30分 ●ウインドスプリント 3本

□ 色のマス＝つなぎの練習　■ 色のマス＝ポイント練習

▶▶▶ 自信があってもペース配分に注意する

　運動が得意な人やマラソン経験者を対象としているため、準備期にしては厳しいトレーニングになっています。無理にならない程度に、後半は走る距離を少し伸ばすなどのアレンジを加えてもいいでしょう。

　ただし、運動経験者の人で注意すべきことが1つあります。それは体力に自信があるがために、ついスピードアップしてまうこと。それで無理なくこなせれば問題はありませんが、後半にバテてしまい、メニューを消化できなくては意味がありません。準備期での目標は、どのレベルの人にとっても体力を強化することと、長距離を走ることに慣れることの2つ。とくに長距離への慣れには、ペース配分を考えて、決めた時間を走り切る能力も含まれています。自分の体力を過信せず、ペース配分に気をつけましょう。

アレンジ 1	体力に自信があるなら セット数を増やそう	アレンジ 2	目標を高く持って 本数を増やしてもOK

運動能力に自信のある人は、第2週や第3週の土曜日に設けているウォーキング+ジョギングのセット数を、2回から3回に増やしてもよいです。また、ジョギングだけの日もその前後にウォーキングを入れると、さらに濃い練習になります。

1ヵ月間の体づくり期間も第4週に入ると、だいぶ体力がついてきたでしょう。余裕が感じられるなら、ウインドスプリントの距離を長くする、本数を最大5本まで増やすなど、メニューをレベルアップさせてもかまいません。

木	金	土	日
休養	休養	●ジョギング 30分 ●ウインドスプリント 3本	休養
休養	休養	●ジョギング 30分 ●ウォーキング 5分 ●ジョギング 25分	休養
休養	休養	●ジョギング 30分 ●ウォーキング 10分 ●ジョギング 30分	休養
休養	休養	●ウインドスプリント 3本 ●ペース走 6〜8km 設定ペース： 6分00秒〜7分00秒/km	休養

15kmを4分10秒〜6分00秒/kmペースで走れるようになったら **次の章へ ➡**

ココが大事！ ハイペース→後半バテるではなく、ゆっくり→後半ペースアップに！

運動経験者の人が陥りやすい失敗に、オーバーペースになりやすいことが挙げられます。すでに30〜60分間を走り続けられる体力はあるため、つい最初からハイペースで走ってしまい、後半ガクッとペースダウンしてしまうのです。このミスに陥るランナーのなかには、「体力がない」と勘違いし、自信を失ってやめてしまう人も少なくありません。

そこで、準備期はゆっくり走り始め、余裕があれば後半ペースを上げるという走り方を身につけておきましょう。

Column About the Marathon

ランナーのお悩み、素朴な疑問を川越監督がズバッと解決！

▶▶▶ 川越監督に聞く ランナーズQ&A②

「環境の見直し」編

Q4 近所の道路は信号が多かったり、平坦な道がなかったりして、走りやすいコースがありません。どうしたらよいでしょうか？

A ランニングができる公園や、グラウンド、河川敷のランニングコースなどを見つけるのがベストです。また、信号を渡らずに済むように左折〜左折〜左折で、スタート地点に戻って来られる周回コースがつくれると、練習しやすくなりますよ。

Q6 トレッドミル（ランニングマシン）を使った練習が多いのですが、抑えがきかずにいつも追い込んでしまいます。このような練習方法は問題ありますか？

A これは問題アリです。トレーニング前にその日の目標を決め、あらかじめペース設定をしましょう。常にMAXまで追い込むのではなく、その日の体調に合わせることが大切です。そうしないと、故障やオーバートレーニングの原因になります。

Q5 スピード系トレーニングは、どこでやればよいでしょうか？　近所の道路では、人や自転車がいて危なくてできません。

A スピード系トレーニングには、陸上競技場のトラックやランニングコースのある公園などがベスト。河川敷のランニングコースも走りやすいです。距離表示があると、自分のペースが把握しやすくなります。

The Basis & Practice Menu of Marathon

第2章

基礎的なスタミナを養成する
「走り込み期①」

走り込み期①からが、
本格的なマラソントレーニングのスタートです。
スポーツ経験があり、体力に自信のある人はここから始めてもかまいません。
20kmを目安に、長い距離を走ることに慣れ、
マラソンに必要な基礎的なスタミナを獲得していきましょう。

練習の前に／走り込み期①の心構え

長い距離に慣れつつ、基礎的なスタミナをつける

ここからが、本格的なトレーニングの始まりと捉えましょう。
目標はズバリ20kmを走ること。少しずつ距離を伸ばし、最終的に20kmに到達しましょう。
継続することで、能力は自然に高まります。

長い距離に慣れる

マラソンを完走するためには、スタミナが欠かせない。だが、その前に長距離に慣れるという精神面の準備も必要。20km走をこなし、長距離に慣れていく。

基礎的なスタミナをつける

20km走を継続することで、マラソンの土台となるスタミナがつく。スタミナとは、心肺機能と筋持久力(62ページ)の2つの能力で構成される。

疲れにくい体になる

心肺機能が高まると、1回の血管の収縮で多くの血液を体に送れるようになる。すると脈拍数が下がり、同じ強度の練習をしても疲れにくい体になる。

スピード持久力をつける

走り込み期①から、少しずつタイムを意識して走る。スピード系トレーニングによって、スピード持久力を高めることができる。

ペース感覚をつける

たとえ時計を見ずとも、自分が1kmをどのくらいのペースで走っているかを把握できる能力のこと。一定のペースで走ることで、スタミナのロスを減らせる。

▶▶▶ 少しずつ距離を伸ばして20kmを達成する

準備期で走ることに慣れた人にとっても、20kmという距離は長く感じるかもしれません。しかし、準備期のプログラムをきちんと消化していれば、20kmという距離は誰にとっても達成可能な目標です。「自分にもできる」と自信を持って、取り組みましょう。

また、完走目標やビギナーのランナーは、いきなり20kmを目指すのではなく、10km、15kmといった具合に距離を刻んでいき、最終的に20kmを走り切れるようにします。自分がステップアップしていると実感できれば、モチベーションも高まるでしょう。

また、走り込み期①はスタミナだけでなく、スピード持久力やペース感覚といった、さらに上の能力を磨くための最初のステップになります。スタミナの養成を第一に考えながら、これらの能力も鍛えていきましょう。

▶▶▶ 有酸素運動と無酸素運動を使い分けてレベルアップする

運動は、大きく有酸素運動と無酸素運動に分類できます。基本的に、マラソンは有酸素運動。酸素を取り入れて、エネルギーに変える運動です。有酸素運動をしているときの脈拍数は、通常130〜160回／分程度になります。

マラソンに必要なスタミナ（心肺機能と筋持久力）を高めるためには、トレーニングにおいても心拍数を130〜160回／分程度に保つ必要があります。該当するのがLSD（88ページ）など、長い距離をゆっくり走るトレーニングです。

一方、無酸素運動とは酸素以外のエネルギーを使って体を動かす運動のことです。マラソンに必要な能力では、スピード持久力が該当します。脈拍数は180／分程度になります。ペース走（52ページ）やビルドアップ走（90ページ）は、有酸素と無酸素を行き来するトレーニングになり、インターバル走（114ページ）は無酸素トレーニングになります。走り込み期①以降は有酸素トレーニングに加えて、無酸素トレーニングも行い、スタミナとスピード持久力の両方をバランスよく高めていきます。

Close up! 脈拍数による無酸素運動と有酸素運動の目安

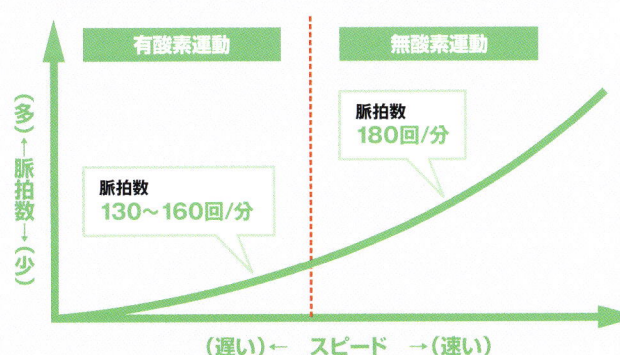

脈拍数130〜160回/分なら有酸素運動で、ジョギングやLSDが当てはまる。また、180回/分程度なら無酸素運動になり、ウインドスプリントやインターバル走が当てはまる。ペース走やビルドアップ走は、両方を行き来するトレーニングだ。

スタミナアップのためには、有酸素状態で走ることが大切

ランニングドリルの基本

ランニングドリルでフォームを完成させる

エネルギーを効率よく使うためには、正しいランニングフォームづくりが欠かせません。
右ページで述べる4つのポイントを押さえた上で、
自分の体の特徴に合ったフォームを完成させましょう。

正しいフォームのメリット

①効率よく能力を発揮できる
スタミナや筋力には限界がある。その能力を効率よく使うために正しいランニングフォームがある。

②ケガの予防になる
不自然なフォームだと、特定の部分に過度の負担がかかり、フォームから誘発されるケガは多いため注意する。

▶▶▶ 4つのポイントを押さえ、自分に合ったフォームを固める

　正しいランニングフォームを身につけるメリットは、能力を効率よく発揮できることとケガの予防になることです。ただし、必ずしも頭の先からつま先まで、すべてを教科書どおりに矯正する必要はありません。トップランナーも全員が同じフォームで走っているわけではありません。骨格や筋肉のつき方によって、正しいフォームは変わってきます。しかし、好き勝手なフォームで走っているかと言えば、それは違います。誰にでも共通するポイントがあるのです。
　具体的には、「骨盤を後傾させない」「足はフラットに接地する」「重心移動をスムーズに行う」「かかとをしっかり引きつける」の4つ。この4点を押さえた上で、自分の体の特徴を生かしたフォームを完成させましょう。

Runner's Check! 正しいフォームのポイントを押さえる

正しいフォームを身につけるためには、ランニングドリルを行うことが効果的です。どのドリルについても、下の4つのポイントを押さえてやることで、正しいフォームに近づくことができます。

➡ 具体的なメニューは**190ページ**から

骨盤を後傾させない

骨盤が後傾していると太もも、とくにハムストリングスの力が最大限発揮できない。骨盤を前傾させた姿勢を維持する。

足はフラットに接地する

足の裏は、フラットに着地する。実際にはかかとからの着地だが、それを意識しすぎると、ブレーキをかける着地になるため、非効率的になる。

かかとをしっかり引きつける

地面を蹴ったあとのかかとをお尻に引きつけるイメージを持つと、地面を強く蹴ることができる。拇指球でしっかり地面を蹴る。

重心移動をスムーズに行う

足の運びに連動して、上体をスムーズに前に移動する。上体が遅れてついていくようなランニングフォームでは、ロスが大きい。

ココが大事! ビデオや鏡を使って自分のフォームをチェックする

実際に自分のフォームを見てみるのが、1番わかりやすいでしょう。走りながら自分のフォームを確認することはできないため、仲間にビデオを撮影してもらうのが1番やりやすい方法かもしれません。ビデオ撮影が難しい場合は、走りながらお店のガラスなどに映った自分の姿を見て、フォーム確認を行いましょう。

練習の前に／走り込み期①の目標

20kmを目標に、持久力、スピード持久力、ペース感覚を養う

走り込み期①のトレーニングによって養う能力は、持久力、スピード持久力、ペース感覚の3つ。これらの能力を高めつつ、段階的に距離を伸ばしていき、最終的に20kmを走り切れるようになりましょう！

走り込み期①の目標
20kmを歩かずに走り切れるようになること

走り込み期①で獲得する能力
①持久力アップ
②スピード持久力アップ
③ペース感覚を養う

▶▶▶ 本格的なマラソントレーニングの始まり

走り込み期①からが、本格的なマラソントレーニングの始まりと言えます。準備期で走ることに慣れたら、この期ではマラソンに必要な持久力、スピード持久力、ペース感覚を高めることを目指します。そのためのトレーニングには、右ページで取り上げたものがあります。とくに走り込み期①ではペース走を中心に行い、20kmを一定のペースで走り通せるようになりましょう。

準備期に比べると、トレーニングの日数や時間が増えます。毎回長い時間のトレーニングをするのが難しい場合は、メリハリをつけたトレーニングを意識して、走り込み期①に必要な能力を身に付けてください。

練習量が増えて大変に感じるかもしれませんが、気持ちを強く持って、トレーニングに取り組みましょう。

✓ **メニューチェック** 走り込み期①におけるラントレーニングのポイントを確認しましょう

☐ LSD (88ページ)
できる限りゆっくり走るトレーニング

実施例 週1～2回／10～20km程度

ポイント 長い時間(距離)をゆっくりしたペースで走り、持久力を養い、距離への不安を解消する。

[完走目標] 8分00秒/km(10km)
[ビギナー] 7分00秒～7分30秒/km(20km)
[サブ4] 6分30秒～7分00秒/km(20km)
[サブ3] 必要なし

☐ ペース走 (52ページ)
一定のペースで一定の距離を走るトレーニング

実施例 週1回／6～20km走

ポイント 20kmを一定のペースで走る。持久力アップのほか、レースに欠かせないペース感覚を身体に覚えさせることができる。

[完走目標] 必要なし
[ビギナー] 6分30秒～7分00秒/km
[サブ4] 5分30秒～6分30秒/km
[サブ3] 4分10秒～4分30秒/km

☐ 坂道ダッシュ (94ページ)
坂道を80%の力で疾走するトレーニング

実施例 週1～2回／1日3～5本程度

ポイント 平地を走ることに慣れてしまったときの、リフレッシュ効果が期待できる。適した場所があれば、ウインドスプリントに代えて取り入れてもよい。

☐ ビルドアップ走 (90ページ)
段階的にペースアップするトレーニング

実施例 週1回／5～10km走

ポイント この期では、2回、3回とスピードアップしてもよい。ペースコントロールを意識する。

[完走目標] 必要なし
[ビギナー] 7分00秒/km→6分30秒/km
[サブ4] 6分00秒/km→5分30秒/km
[サブ3] 4分15秒/km→4分00秒/km

☐ ウインドスプリント (54ページ)
80%の力で気持ちよく走るトレーニング

実施例 週2～3回／1日3～5本程度

ポイント 長距離を走るトレーニングが続いたときに、刺激を入れる目的で、疲労度に応じて行う。

☐ クロスカントリー (92ページ)
起伏のあるコースを走るトレーニング

実施例 月1～2回／1日5～15km程度

ポイント 平地を走るときと違う負荷をかけ、心肺機能や筋力を強化する。適した場所があれば行う。

レベル別到達度チェック →次の内容がクリアできたら次の期(第3章)に進もう!

- **完走目標**: 連続60分ジョギングができるようになったら
- **ビギナー**: 20kmを7分00秒/kmペースで走れるようになったら
- **サブ4**: 20kmを5分50秒/kmペースで走れるようになったら
- **サブ3**: 20kmを4分20秒/kmペースで走れるようになったら

ラントレーニング(LSD)

メニュー 05 LSD（ロング・スロー・ディスタンス）

ねらい とにかくゆっくり走るトレーニング。基礎的な持久力がアップするほか、長い距離を走ることへの不安感を取り除くことにもつながります。

One Point! アドバイス

ゆっくり走っても腰を落とさないように

ゆっくり走ると、腰が落ちやすい。骨盤前傾を意識して、腰を高く保って走る。また、すり足にならないように注意する。

NG

全身をリラックスさせて、ゆっくり走る

一緒に走る人と会話ができる程度のペースでOK

▶▶▶ 長距離を走り切るための自信をつける

　LSDはロング・スロー・ディスタンスの略で、長い距離をゆっくり走るトレーニングです。大きな目的は、マラソンに必要な基礎持久力をつけることと、長距離への不安感を取り除くことです。

　スピードはジョギングよりもゆっくり、一緒に走る人と会話ができる程度でOKです。今まで走ったことがない長い距離を、ゆっくりでも走りとおすことができれば、それが自信につながります。そうすれば、ペースを上げても同じ距離を走れるようになるでしょう。

　有酸素系のトレーニングになるので、脂肪を燃焼し、ランナーに適した足づくりにも適しています。心肺機能の強化、持久系の筋力強化につながるので、初期段階において非常に重要なトレーニングになります。

レベル別アドバイス

完走目標
ゆっくりした人と会話ができるペースで行いましょう。長い距離に慣れていない人は、歩いたり走ったりを交互に入れてOK。

ビギナー
距離に慣れることが最大のねらい。歩かないギリギリのゆっくりしたペースで、90分ジョギングを目指していきましょう。

サブ4
ゆっくり走ることで毛細血管の発達を促し、心肺機能を高めることができます。リラックスして、長い距離を走りましょう。

サブ3
能力アップを目的としたトレーニングとしては、不要です。疲労回復や脚の状態に不安がある場合のみ、行いましょう。

LSDのメリット →ランナーに必要な基礎能力が手に入る

LSDを行う主なメリットには、下の6つが挙げられます。
ランナーに必要な基礎能力が身につくので、
完走目標やビギナーのランナーは重点的に行いましょう。

長距離の不安を取り除く
長い距離（時間）を「走破した」という結果が自信につながる。ゆっくりしたペースで、目標の距離（時間）を走り切ろう。

持久系筋肉がつく
遅筋と呼ばれる持久系の筋肉強化につながる。補強トレーニングでは強化しにくい筋肉なので、LSDで効果的に鍛えたい。

心肺機能を高める
1回の収縮で、より多くの酸素を血液に乗せて、全身に送る能力が高まる。同じ負荷の練習をしても、疲労度が低くなる。

ケガをしにくい体になる
ゆっくり長く走ることで、体脂肪が減少する。そうすることで、足への負担が少なくなる。

代謝機能が上がる
ゆっくり走ることによって、筋量が増加し、基礎代謝が上がる。

筋疲労が回復する
ゆっくり走ることで毛細血管が発達し、疲労物質が除去され、筋肉疲労の回復が促される。

ココが大事！ ペースを上げないように意識してゆっくり走る

LSDは、速いペースで走るトレーニングではありません。そのため、たとえ余裕があっても、ペースを上げて走る必要はありません。最低でも90分以上、走り続けられるくらいゆっくりしたペースで走ります。余裕があれば走る時間をさらに長くするなどして、負荷を調節しましょう。

メニュー 06 ビルドアップ走

ねらい 段階的にペースアップするトレーニング。
マラソンに必要な足づくりに加えて、ペース感覚を身につけることができます。

One Point! アドバイス

ペースを上げてもフォームを崩さない

スピードアップをしても、フォームを崩さないことが大切。腕振りが乱れるなど、陥りやすいポイントはとくに注意する。

NG

| ピッチ走法で走り、ペースをコントロールする | 徐々にペースアップ。ストライドを広げすぎないように注意 |

▶▶▶ 段階的にスピードを上げていく

　ビルドアップ走は、段階的にペースアップするトレーニングです。

　準備期のうちはペースアップするタイミングは1度で十分です。レベルアップしていけば何段階かに分けてペースアップすることで、練習効果を上げることができます。

　ペースアップする際のポイントは、急激に上げないこと。一気にペースを上げると体への負担が大きくなるため、少しずつペースを上げる意識で行いましょう。

　また、ペースを上げるとフォームが崩れやすくなります。アゴが上がる、腕振りが乱れる、つま先が外や内に向くなどのNGフォームにならないことが大切です。崩れやすいポイントに注意して、トレーニング効果を上げていきましょう。

レベル別アドバイス

完走目標
レベルが高いトレーニング方法なので、最初はゆっくり、後半は少し呼吸が上がる程度のペースを心がけ、無理なく走りましょう。

ビギナー
余裕のあるペースで始め、急激にペースアップしないことが大切。1kmあたり約5秒ずつペースを上げるくらいがよいでしょう。

サブ4
ペースアップをしていくとフォームが崩れやすいので、注意して走りましょう。また追い込みすぎると、ケガの原因になります。

サブ3
レース感覚を身につけるには、絶好のトレーニングです。ペース次第では時間がないときのスピード練習にもなります。

ペースアップの目安 →段階を分けてペースを上げる

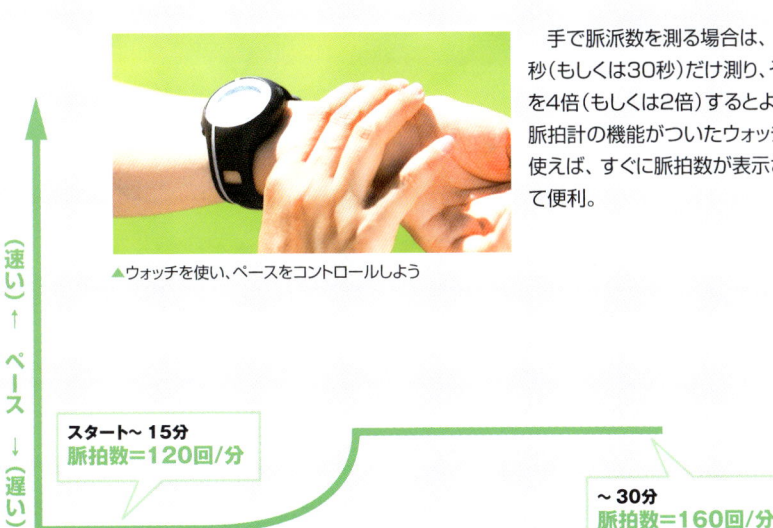

手で脈拍数を測る場合は、15秒(もしくは30秒)だけ測り、それを4倍(もしくは2倍)するとよい。脈拍計の機能がついたウォッチを使えば、すぐに脈拍数が表示されて便利。

▲ウォッチを使い、ペースをコントロールしよう

スタート〜15分
脈拍数=120回/分

〜30分
脈拍数=160回/分

(速い)←ペース→(遅い)
時間(分)

ココが大事! 足の回転数を上げてペースアップする

ビルドアップ走でペースを上げる際、「スピードを上げよう」とすると、ストライドが広がりやすくなります。ストライドが広がると、足への負担が大きくなってしまいます。そこで、足の回転数を上げることを意識しましょう。足への負担を最小限に抑えたまま、スピードアップできます。

ラントレーニング（クロスカントリー）

メニュー 07 クロスカントリー

ねらい 自然の地形を生かして行うトレーニング。
心肺機能の強化、筋力アップ、バランスのよいフォームの習得などが期待できます。

| 傾斜のあるコースを走って、普段とは違う負荷をかける | 疲労がたまっているときは行わないこと | 景色を楽しむと気分が変わって、リフレッシュになる |

▶▶▶ 自然の地形を利用してトレーニングする

　クロスカントリーは自然の地形を利用し、起伏のあるコースなどを走るトレーニングです。心肺機能や筋力の強化、バランスのよいフォームづくりなど、多くの効果が期待できます。また普段とは違った景色を楽しむことで、精神面のリフレッシュ効果も期待できます。

　一方、現実的には都心部などで、クロスカントリーに適した場所を見つけるのは簡単ではありません。わざわざ遠出をしてまで行う必要はありませんが、近所に練習できる環境があるなら、ぜひ取り入れてみましょう。

　クロスカントリーは、アップダウンのあるコースなどを走り、普段とは違う負荷を足にかけることが目的です。そのため、コンディションがよい場合のみ行い、脚に張りを感じるときなどは極力避けましょう。

レベル別アドバイス

完走目標
ジョギングに慣れてきたら取り入れ、起伏のあるコースにチャレンジしてみましょう。下りは飛ばさないように、ペースに注意。

ビギナー
フォームのバランスアップだけでなく、筋力強化に最適です。アップダウンを走ることにより、脚部の筋力が強化されます。

サブ4
ペース走に慣れてきたら取り入れ、起伏のあるコースでも長く走れるようにしましょう。斜面を走ると、心肺機能が強化されます。

サブ3
速いスピードで走ると脚に負担がかかりやすくなるため、芝や土の上を走るとよいでしょう。脚への負担を考慮することが大切。

クロスカントリーのメリット →平坦コースとは違う負荷をかけられる

クロスカントリーを行う主なメリットには、下の3つが挙げられます。平坦コースを走るときとは、違う負荷をかけることができる点が魅力です。

心肺機能の強化
自然の起伏を利用するため、息の上がり方も平坦コースとは異なる。自然と負荷が高まり、心肺機能を強化することができる。

筋力の強化
起伏のあるコースでは、自然と筋肉への負荷が高まる。平地を走るよりも、自然な形で筋肉の強化ができるため、環境が許せば定期的に取り入れたい。

バランスのよいフォームの獲得
草原や丘陵などのコースを走ることによって、自然とバランスをとって走るようになる。体幹や脚が強化され、よいフォームを身につけることができる。

ココが大事! いつもと違う景色を楽しみ新鮮な気持ちで走る

能力アップという側面だけでなく、リフレッシュなどメンタル面にも大きなメリットがあります。湖周辺の遊歩道や緑の溢れる公園など、自然に囲まれた場所は、街中や陸上トラックを走るのとは違った景色を楽しむことができるため、新鮮な気持ちでトレーニングに取り組めます。

メニュー 08 坂道ダッシュ

ねらい 坂道を疾走するスピード系トレーニング。
高い負荷をかけることで筋力アップ、心肺機能の強化などを図ることができます。

| 斜面を考慮して、軽く前に前傾した姿勢で走る | 短距離走に近いイメージで、腕を大きく振る | 拇指球で斜面をとらえ、しっかり蹴る |

▶▶▶ 負荷が高いのでコンディション次第で行う

坂道を駆け上がるトレーニングです。短い距離（50〜80m程度）を速いスピード（全力疾走の80%程度）で坂を駆け上がり、ゆっくり下ります。クロスカントリーと同じく、自然に高い負荷がかけられるため、心肺機能や筋力の強化に適しています。ただし、クロスカントリーとは異なり、速いスピードで走るため、疲労がたまっているときやレース直前で疲労をためたくないときなどは避けたほうがよいでしょう。

クロスカントリーに比べれば、まだ練習できる環境を見つけやすいはずです。ただし、必ずしもやらなくてはいけない練習ではありません。追い込んでも問題ないコンディションのときや、LSDなどの持久系トレーニングが続いたあとなどに、リフレッシュを目的として取り入れてみましょう。

レベル別アドバイス

完走目標
かなり負荷の高い練習ですので、無理に取り入れる必要はありません。余裕があるときに走りましょう。

ビギナー
全力で走ってはいけません。全力の80％程度のスピードで、腕を大きく振って走りましょう。

サブ4
最初から追い込みすぎると本数をこなせなくなるので、1本ごとに徐々にペースアップするイメージで走りましょう。

サブ3
インターバル系トレーニングになるように工夫しましょう。具体的には、下りのジョギングを速めにし、心肺機能も強化！

アゴが上がらないように、上半身の姿勢に注意する

坂道を走るときのみ、つま先からフラットに着地する

脚への負担を意識し、疲労がたまらないようにする

ココが大事！ 負荷が高いので状態のいい日に行う

坂道ダッシュは負荷が高いので、疲労がたまっているときに行うべきではありません。疲れているときに行うと、さらに疲労が蓄積し、ほかのトレーニングに支障をきたします。最悪の場合、ケガにつながる可能性もあります。そのため実施するタイミングには、十分に注意しましょう。

食事、栄養の基礎知識②

能力アップと体調管理に必要な栄養の基礎知識を知る

着実にトレーニングをこなすためには、食事面に気を配ることも必要になります。そこで本格的なマラソントレーニングを開始したら、食事についても、準備期以上に踏み込んで考えてみましょう。

食事は「準備期」、「走り込み期①～実践期」、「調整期」の3区分で考える。可能な範囲で実践できればOKだが、基礎知識は理解しておこう。

準備期
まずは意識改革。バランスのよい食事を意識することから始める。

走り込み期①　走り込み期②　実践期
代表的な栄養素を知り、マラソンに必要なものを理解する。基本はバランスよく摂取すること。

調整期
炭水化物を多く摂取し、エネルギーを蓄える。グリコーゲンを体内に多く貯蔵するための、カーボローディングを行ってもよい。

レース当日

▶▶▶ 5大栄養素を知り、バランスのよく食べる

準備期ではランナーらしい食生活の意識づけ(68ページ)を重視しましたが、走り込み期①以降はもう一歩踏み込んで、強い体を手に入れるために必要な食事の基礎知識を学びましょう。ランナーに必要な食事とは、健康的な食事のことです。つまり、1日3回の食事のなかで炭水化物、タンパク質、ミネラル、ビタミン、脂肪の5大栄養素をバランスよく摂取することが何よりも大切になります。

さらに調整期では、炭水化物の摂り方がポイントになります。レース1週間～4日前にいったん炭水化物を減らし、3日前から多くの炭水化物を摂取して体内にグリコーゲンを貯蔵するカーボローディングを行ってもよいでしょう。ただし、極端に炭水化物を減らすと体調が悪くなるケースもあります。たとえば、炭水化物をいっさい摂取しないなどの極端な方法はあまりオススメできません。

Runner's Check! レベルアップに欠かせない5大栄養素を知る

ランナーとして理想の体を手に入れるためには、
5つの栄養素への理解も大切です。
ここで炭水化物、タンパク質、脂肪、ミネラル、ビタミンの
5大栄養素の基礎知識を押さえておきましょう。

① 炭水化物

運動するためのエネルギー源。持久力を要するスポーツには欠かせない栄養素で、ランナーがもっとも意識して摂取すべき栄養素と言える。

主な品目　米、パン、そば、うどん、パスタ、ジャガイモ、トウモロコシ、パイナップルなど

② タンパク質

筋肉や骨、血液、細胞などをつくるために必要な栄養素。疲労回復効果もある。体内に蓄積しておけないので、毎日摂取しなければならない。

主な品目　魚、肉類、ソーセージ、練り物(ちくわなど)、大豆、豆腐、チーズ、ヨーグルトなど

③ 脂肪

エネルギーをつくり出す役割を果たし、とくに長時間動き続けるスポーツで必要とされる。ただし、肥満につながる恐れもあるため、摂取する量は注意する。

主な品目　バター、油類、マヨネーズ、肉類の脂身、ナッツ、ゴマ、アボカドなど

④ ミネラル

カルシウムや鉄分などのことで、血液や骨をつくる。汗とともに体外に排出されるため、毎日摂取しなければならないので意識的に摂取すること。貧血対策でもあるので、とくに女性は多めに摂取したい。

主な品目　牛乳、小魚、ほうれん草、納豆、レバー、しじみ、魚の赤身、ひじき、のりなど

⑤ ビタミン

炭水化物で得たブドウ糖をエネルギーに変換する役割を担う。とくに水溶性のビタミンは尿や汗とともに体外に排出されるため、毎日補給しなければならない。フルーツから多く摂取できる。

主な品目　ニンジン、ブロッコリー、カボチャ、うなぎ、レモン、オレンジ、グレープフルーツなど

食事、栄養の基礎知識②

▶▶▶ 準備のための食事とケアのための食事を考える

　トレーニングをより効率のよいものにするためには、トレーニング前後の食事にも注意が必要です。ここではトレーニング前後として解説していきますが、レース前後の食事も基本的な考え方は同じです。

　まずトレーニング前は、なるべく消化がよくエネルギーになるものを食べます。タイミングとしては、走り始める3時間前までには食事を済ませておきましょう。反対にトレーニング後の食事はできるだけ早く食べることが大切です。汗などで失われたミネラルの補給を中心に、バランスよく食べましょう。

①トレーニング前（準備）の食事

- 消化のよいもの
- エネルギーになるもの

主な品目 ご飯、パン、うどん、餅、パスタ、フルーツ類（柑橘系など）、レモン、梅干など

②トレーニング後（ケア）の食事

- 筋肉の疲労回復を促進するもの
- ミネラル

主な品目 肉類、魚類、卵、大豆類、乳製品、フルーツ類（柑橘系など）、野菜類、海草など

ココが大事！ マラソンで起こりやすいスポーツ貧血に注意する

　長時間、コンクリートなどの硬い路面を走るマラソンは、足の裏への衝撃からヘモグロビンが破壊されることで、貧血になりやすいスポーツです。クッション性の高いシューズを履くことなどである程度は軽減できますが、それでも鉄分の補給はランナーには欠かせません。ひじきやレバーなど、鉄分が多く含まれた食材を使った料理を食べることで、スポーツ貧血を防ぐ意識が必要でしょう。

Runner's Check! トレーニング内容ごとでの食事の摂り方

トレーニング内容を踏まえて、食事を考えることも大切。
そこで「①持久系トレーニング前」、「②スピード系・補強トレーニング後」、
「③つなぎの練習・休養日」の3つのシチュエーションに分けて、
それぞれに必要な栄養素を確認しよう。

①持久系トレーニング前

LSDや10kmを超えるペース走など、持久系トレーニングの前はパスタなどに代表される炭水化物を摂る。ただし、食事はトレーニングの3時間前までに済ませるのが基本なので、朝に走るときは前日の夜に炭水化物をしっかり摂る。

②スピード系・補強トレーニング後

スピード系トレーニングや補強後は、30分以内にタンパク質を摂る。筋肉を成長させるためには欠かせない栄養素だからだ。具体的には牛乳、卵、豚肉、豆腐など。スピードや筋力アップに必要な筋肉を、効率的につけることができる。

③つなぎの練習・休養日

つなぎの練習や休養日は、疲労を回復させることが大切。軽いメニューで体に刺激を入れるだけでなく、食事面でも疲労回復を促したい。具体的には、豚の生姜焼きやウナギのかば焼きなどに含まれるビタミンB1を多く摂取しよう。ただし、トレーニング量が減っているぶん、食事量も減らすこと。

ココが大事! サプリメントに依存しすぎない

現在は多くのサプリメント（栄養補助食品）が販売されていて、普段の食生活のなかでは摂りにくい栄養素を簡単に摂取できます。ですが、サプリメントはあくまでも補助としてとらえ、できる限り1日3回の食事で必要な栄養素を摂る意識が大切です。ただし、補助という視点で見れば、サプリメントはとても有効です。ミネラルやビタミンなど食事で疎かになりやすい栄養素を摂取するなど、自分なりの付き合い方を見つけましょう。

練習プログラムの組み方

練習プログラム 完走目標モデル（走り込み期①）

ねらい 運動経験が少ない人でも、完走目標プログラムをしっかり消化すれば42.195kmを走り切ることはできます。仕事が忙しいなどの理由で、練習時間の確保が難しい人にもオススメのプログラムです。

	月	火	水
第1週	休養	休養	●ウォーキング 10分 ●ジョギング 30分
第2週	休養	●ウォーキング 10分 ●ジョギング 30分	休養
第3週	休養	●ウォーキング 10分 ●ジョギング 30分	休養
第4週	休養	●ウォーキング 10分 ●ジョギング 30分	休養

□ 色のマス＝つなぎの練習　　□ 色のマス＝ポイント練習

▶▶▶ 難易度の低いプログラムで完走を目指す

「とにかく42.195kmを走り切りたい」というランナーのために、本書では特別なプログラムを作りました。この完走目標プログラムの目標は、5〜7時間台でのゴールと考えてください。準備期のプログラムをしっかり消化し切れなかった、運動経験に乏しくフルマラソンを走り切る自信がないといった人は、この完走目標プログラムを参考に練習計画を組んでみましょう。トレーニング日数、時間、強度のすべての面において比較的簡単に行える設定になっています。このプログラムをしっかり行えば、フルマラソンを完走は十分に可能です。

もしトレーニングをこなしている途中で自信がつき、より高い目標を目指せそうであれば、102ページで紹介しているビギナーレベルのプログラムに移行してもよいでしょう。

アレンジ 1 補強トレーニングや水泳を取り入れる

走っている途中で足の張りや痛みなどが出た場合は、無理せず補強運動に変えましょう。また、近所にプールなどがあるなら、水泳や水中ウォークなどを取り入れてみましょう。脚に大きな負担をかけずに、体力づくりやリフレッシュができます。

アレンジ 2 余裕があるならビルドアップ走にする

40分以上のジョギングを行う場合、もし余裕があるなら、後半の10～20分でペースアップしてみましょう。タイムを気にする必要はなく、決めた時間を前半ゆっくり→後半ペースアップという流れで走り通せればOKです。

木	金	土	日
休養	休養	●ウォーキング 20分 ●ジョギング 30分	休養
●ウォーキング 30分	休養	●ウォーキング 10分 ●ジョギング 20分 ●ウォーキング 10分 ●ジョギング 20分	休養
●ウォーキング 40分	休養	●ウォーキング 15分 ●ジョギング 45分	休養
●ウォーキング 40分	休養	●ウォーキング 15分 ●ジョギング 60分 （余裕があれば、残り20分ペースアップ）	休養

ジョギングを連続60分できるようになったら 次の章へ ➡

ココが大事! 友人や職場の仲間を誘ってみましょう!

マラソンを始めたばかりの人にとって、週2回以上のランニングを習慣化するのは大変なことです。そこで、知り合いのランニング経験者や友人を誘うなどして、一緒に走る仲間を見つけましょう。

また、ランニングクラブに入会すれば、レベルの近い仲間ができてモチベーションのアップにもつながります。ここで注意すべきことは、自分の実力を理解すること。決して無理に上級者と同じペースで走ったり、同じ距離を走ろうとしないことです。

練習プログラムの組み方

練習プログラム
ビギナーモデル（走り込み期①）

ねらい 運動経験があって、マラソン未経験の人はこのカテゴリーからスタートしてみましょう。どのプログラムで始めるかを迷っているランナーにもオススメです。少しずつレベルアップしていきましょう。

	月	火	水
第1週	休養	休養	● ジョギング 2km ● ペース走 6km 設定ペース：7分00秒/km
第2週	休養	休養	● ジョギング 2km ● ビルドアップ走 5km 設定ペース：7分00秒→6分30秒/km
第3週	休養	休養	● ジョギング 3km ● インターバル走 1km×3本 ※リカバリー=200m 設定ペース：6分30秒/km
第4週	休養	休養	● ジョギング 2km ● ペース走 6km 設定ペース：6分30秒/km

□ 色のマス＝つなぎの練習　　■ 色のマス＝ポイント練習

▶▶▶ 徐々に距離を伸ばして20kmを達成する

　運動経験はあるがマラソンは初めてで、「あまり高い目標を立てると途中でくじけるかも」といった初心者のランナーに向けたプログラムです。厳しすぎず甘すぎずという標準レベルのプログラムになっており、4時間台でのゴールを想定しています。

　前半（走り込み期①〜②）では無理なく走れる距離を少しずつ伸ばしていき、後半（実践期）に少しタイムを意識したトレーニングをこなしていきます。

　走り込み期①の目標は20kmを無理なく走れるようになることですが、最初の2週間は15kmを目標とし、少しずつ走れる距離を伸ばしていきましょう。最終的には20kmを走れるようになる力がつけばOKです。週3回、しっかり走ることで、目標は十分に達成できるでしょう。

アレンジ 1　ウインドスプリントの本数は余裕度に応じて調節する

ウインドスプリントは3本を基本としていますが、余裕のある人は本数を増やしてもOKです。ただし、多くても5本程度にしましょう。無理は禁物なので一気に本数を増やしたり、1本ずつ追い込んだりしないように配慮が必要です。

アレンジ 2　土曜日に追い込むためうまく工夫する

土曜日は、走り込み期①の目標である20kmを走るための体力を養う日として、できるだけ長く運動するようにしましょう。一気に20kmにたどり着く必要はなく、ウォーキングなどもうまく利用して動き続けるようにしていきましょう。

木	金	土	日
休養	休養	●ジョギング 30〜40分 ●ウインドスプリント 3本 （坂道ダッシュでもOK）	●ペース走 15km 設定ペース： 7分00秒/km
休養	休養	●ジョギング 30〜40分 ●ウインドスプリント 3本	●ペース走 15km 設定ペース： 7分00秒/km
休養	休養	●ジョギング 30〜40分 ●ウインドスプリント 3本 （坂道ダッシュでもOK）	●ペース走 15〜20km 設定ペース： 6分30秒〜7分00秒/km
休養	休養	●ジョギング 30〜40分 ●ウインドスプリント 3本	●ビルドアップ走 5km 設定ペース： 7分00秒→6分30秒/km

20kmを7分00秒/kmペースで走れるようになったら　次の章へ ➡

ココが大事！　マラソンは有酸素運動、呼吸が乱れるペースはNGです

スポーツ経験がある人でも、瞬発力を求められる種目をしていた人は注意が必要です。なぜなら、マラソンは有酸素運動だからです。有酸素運動とは、酸素を体内に取り入れながらゆっくり長く動くことです。

とくにビギナーレベルのランナーの場合、トレーニングで呼吸が上がるほど速く走ると効果がありません。ゆっくり長く走ることで体脂肪が燃えて、心肺機能や筋力が発達し、血液の循環が効率よくなります。呼吸が乱れるほど、速く走らないようにしましょう。

練習プログラムの組み方

サブ4モデル（走り込み期①）

ねらい サブ4を目指すランナーは、走り込み期②からトレーニングの回数が増えます。平日は朝夕のどちらかを利用し、休日に強度の高いトレーニングを組み込むなどの工夫で無理なく消化しましょう。

	月	火	水
第1週	休養	●ジョギング 50分 ●ウインドスプリント 3本	●ジョギング 2km ●ペース走 8km 設定ペース： 6分00秒/km
第2週	休養	●ジョギング 50分 ●ウインドスプリント 3本	●ジョギング 2km ●ビルドアップ走 5km 設定ペース： 5分40秒→5分30秒/km
第3週	休養	●ジョギング 60分 ●ウインドスプリント 3本	●ジョギング 2km ●インターバル走 1km×5本 ※リカバリー＝200m 設定ペース： 5分00秒/km
第4週	休養	●ジョギング 60分 ●ウインドスプリント 3～5本	●ジョギング 2km ●ペース走 8km 設定ペース： 5分30秒/km

□ 色のマス＝つなぎの練習　　■ 色のマス＝ポイント練習

▶▶▶ 1週間のなかでメリハリをつけて走る

　サブ4モデルでは、文字通り4時間を切ることを目標として、練習プログラムを組みます。サブ4をクリアすることは簡単とは言えませんが、プログラムを無理なくきっちりこなせれば達成できるでしょう。

　走り込み期②では走れる距離を伸ばしていくことが基本的なテーマになります。

　ただし、サブ4を目指すのであれば、この段階から、少しずつ強度を高め、タイムを意識してトレーニングする必要が出てきます。具体的には、週2回設定しているポイント練習が当てはまります。このポイント練習で、持久力だけでなく、タイムを縮める上で欠かせないペース感覚も高めましょう。ハードな練習が入ってくるぶん、つなぎの練習や休養などでメリハリのあるトレーニングを意識してください。

アレンジ1 ポイント練習へのつなぎを増やす

メインは週2回のポイント練習ですが、平日に時間をとれる人はつなぎ練習を工夫して、ポイント練習の効果を高めましょう。たとえば、疲労が高いならストレッチのみにする、ポイント練習前日にウインドスプリントで刺激を入れるなどです。

アレンジ2 最初はゆっくりから少しずつペースアップ

ペース走は一定のペースで走る練習ですが、確実にこなすために、ゆっくりペースでスタートし、慣れてきたら途中から最後まで設定したペースで走るようにしましょう。最初から速いペースで走ると、大きく消耗したり、ケガをするリスクが高まります。

木	金	土	日
●ジョギング 30分	休養	●ジョギング 30～40分 ●ウインドスプリント 3本	●ペース走 15～20km 設定ペース： 6分00秒～6分30秒/km
●ジョギング 30分	休養	●ジョギング 30～40分 ●ウインドスプリント 3本 （坂道ダッシュでもOK）	●ペース走 15～20km 設定ペース： 5分40秒～6分30秒/km
●ジョギング 30分	休養	●ジョギング 30～40分 ●ウインドスプリント 3本	●ペース走 15～20km 設定ペース： 5分40秒～6分30秒/km
●ジョギング 30分	休養	●ジョギング 30～40分 ●ウインドスプリント 3～5本 （坂道ダッシュでもOK）	●ビルドアップ走 15～20km 設定ペース： 6分30秒→5分30秒/km

20kmを5分50秒/kmペースで走れるようになったら 次の章へ →

ココが大事! スピード練習をするときは必ずウォーミングアップしましょう

このプログラムでは水曜日に、スピードトレーニングを設けています。このとき、もちろんストレッチは欠かさずに行うべきですが、ジョギングもウォームアップの一環として走りましょう。体温を高めることでケガの予防やよりよい動きづくりをしてから、スピードトレーニングに入ることができます。

さらに、トレーニング直前の自分の体調をチェックすることもできます。同じように、クールダウンも怠らないようにしましょう。

練習プログラムの組み方

練習プログラム サブ3モデル（走り込み期①）

ねらい サブ3はマラソン未経験者が達成するのはかなり難しく、プログラムも自然とハードルが高いものになっています。すでにサブ4を達成しているランナーなど、上級者向けと考えましょう。

	月	火	水
第1週	休養	●ジョギング 50分 ●ウインドスプリント 3本	●ペース走 8〜12km 設定ペース： 4分15秒/km
第2週	休養	●ジョギング 50分 ●ウインドスプリント 3本	●インターバル走 1km×5本 ※リカバリー＝200m 設定ペース： 3分50秒〜4分00秒/km
第3週	休養	●ジョギング 60分 ●ウインドスプリント 3本	●ビルドアップ走 8km 設定ペース： 4分15秒→4分00秒/km
第4週	休養	●ジョギング 60分 ●ウインドスプリント 3〜5本	●インターバル走 1km×5本 ※リカバリー＝200m 設定ペース： 3分50秒〜4分00秒/km

□ 色のマス＝つなぎの練習　　■ 色のマス＝ポイント練習

▶▶▶ 上級者向けのハードなプログラム

　サブ3モデルでは3時間を切ることを目標として、練習プログラムを組みます。サブ3を目指すためには、サブ4モデルよりもさらに強度の高いトレーニングをこなす必要があります。

　とくに毎週末には、少しずつペースを上げて最終的には1kmを4分10秒で走るビルドアップ走を盛り込んでいます。かなり難易度が高いため、すでにフルマラソンを3時間台で走れるような上級者が対象になるということを理解しておきましょう。

　マラソン未経験者でこなせる人もいますが、無理してまでやるのはケガやモチベーションの低下につながるので禁物です。マラソン未経験者は、まずサブ4やビギナー向けのプログラムからスタートし、余裕があるなら徐々にレベルアップするようにしましょう。

アレンジ 1 ウインドスプリントの本数を増減させる

ウインドスプリントは、次のポイント練習のために心肺機能に刺激を入れたり、動きをチェックしたりすることが目的です。3～5本を基本としてやりますが、体調に合わせて本数を増減させてもOKです。

アレンジ 2 無理すると全体の計画に影響が出る

ペース走やビルドアップ走は、タイムにこだわりすぎて無理をしてはいけません。長い時間走れる日を確保できる人は少ないはずですので、大事にトレーニングしてください。ここでも体の状態に合わせて、ペースを調節することが大切です。

木	金	土	日
●ジョギング 30分	休養	●ジョギング 30～40分 ●ウインドスプリント 3本	●ビルドアップ走 20km 設定ペース： 5分00秒→4分30秒/km
●ジョギング 30分	休養	●ジョギング 30～40分 ●ウインドスプリント 3本 （坂道ダッシュでもOK）	●ペース走 15～20km 設定ペース： 4分10秒～4分45秒/km
●ジョギング 30分	休養	●ジョギング 30～40分 ●ウインドスプリント 3本	●ビルドアップ走 20km 設定ペース： 4分45秒→4分15秒/km
●ジョギング 30分	休養	●ジョギング 30～40分 ●ウインドスプリント 3～5本 （坂道ダッシュでもOK）	●ビルドアップ走 15～20km 設定ペース： 4分30秒→4分10秒/km

20kmを4分20秒/kmペースで走れるようになったら **次の章へ ➡**

ココが大事！ サブ3を目指すならATペースを向上させよ！

有酸素運動と無酸素運動の境目をAT（53ページ）といいます。サブ3を目指すランナーは週末のペース走において、ATペースで走るトレーニングを多くやりましょう。そうすることで、持久力が向上します。

ATペースは、「少しきついけど長く走れるペース」「もう少しペースを上げたら呼吸が乱れるギリギリのペース」というように、感覚で判断してください。最初から苦しいペースで走ると、長続きしない上にあまり効果がありません。

Column About the Marathon

ランナーのお悩み、素朴な疑問を川越監督がズバッと解決!

▶▶▶ 川越監督に聞く ランナーズQ&A ③

「自己管理力アップ」編

Q7 練習がマンネリ化して、走ることに飽きてしまいます。どのように変化をつけたらよいでしょうか?

A 大会に参加したり、友人と走ったりして、いつもと練習の雰囲気を変えてみましょう。ランニングチームの練習会に参加するのもオススメです。また、いつもとコースを変えて、走ったことのない道を走るのも気分転換になります。

Q8 トレーニングのほどよい加減がわかりません。不足しているのか、やり過ぎなのか、どのように判断したらよいのでしょうか?

A 目標に合わせた計画のもと、そのときの体調に合わせて行うのが基本です。そこで、ハートレートモニター（心拍計）でトレーニングの負荷を把握・管理するとよいでしょう（19ページ）。また、練習日誌（23ページ）をつけ、心拍数や体重、体温など、数値で自分のコンディションを把握するのも有効です。専門のコーチが「メニュー作成」「ランニング相談」を行っているランニングクラブもありますので、問い合わせてみるのも1つの手です。

Q9 正確な距離の把握ができないので、ペースにムラができてしまいます。路上を走る場合、どのように正確な距離を把握したらよいでしょうか?

A 基本的には、陸上競技場やランニングコースがある公園・河川敷には、距離表示がありますので、それを利用するとよいでしょう。また、距離とタイムを正確に測り、自分のペースが把握できるGPS付きのウォッチを使えば、どんな場所でも自分のペースがわかります。

The Basis & Practice Menu of Marathon

第3章

完走に必要なスタミナを完成させる
「走り込み期②」

走り込み期②では、30kmを上限に走り込んで、
マラソン完走に必要なスタミナを完成させます。
なお、完走目標やビギナーレベルの人であれば、この期間の後、
調整期(第5章)のメニューをこなせばレースに出場してもOKです。
十分に目標をクリアするだけの能力は身についているでしょう。

練習の前に／走り込み期②の心構え

マラソン完走に必要な スタミナを完成させる

走り込み期②では、マラソンを完走するためのスタミナを身につけます。
そのために、余裕を持って30kmを走れるようになりましょう。
さらに上を目指すなら、レースペースを意識して走りましょう。

余裕を持って 30kmを走る

余裕を持って30kmを走ることができれば、マラソンを完走するためのスタミナがついたと考えてよい。タイムを気にせず30kmを走り切ろう。

レースペースを 意識する

サブ3、サブ4を目指すなら、レースペースを意識する。具体的には、10kmと30kmのペース走（52ページ）を行う。ペース感覚と、目標達成に必要なスピード持久力が養える。

▶▶▶ 最低限の目標とさらに上を目指すための目標

走り込み期①で20kmを走り切れるようになっていれば、30km完走も実現可能な目標になっています。そして、余裕を持って30kmを走り切れるようになれば、マラソンを完走するだけのスタミナは完成したと言ってよいでしょう。

しかし、完走目標やビギナーのランナーの場合、焦ってすぐに30kmに挑戦する必要はありません。無理のない範囲で、ある程度の期間をとってじっくりスタミナをつけていくイメージを持ちましょう。

また、サブ4、サブ3を目指す場合は、30kmを走り切るだけでなく、レースペースを意識したペース走を行っていきましょう。スピードを意識することで難易度は一気に上がりますが、この期でしっかり自力をつけておくことで、サブ4、サブ3達成の可能性がぐんと高まります。

Close up! レベル別レースペースの目安

レースペースの目安は以下のとおり。完走目標の人、ビギナー、サブ4、サブ3の4つのレベルに分けています。自分にとって無理のないペースに設定し、なるべく一定のペースで走ることが大切です。

完走目標

1km	5km	10km	20km	30km	フルマラソン
8:00～ 8:30	40:00～ 42:30	1:20:00～ 1:25:00	2:40:00～ 2:50:00	4:00:00:～ 4:15:00	5:37:34～ 5:58:39

ビギナー

1km	5km	10km	20km	30km	フルマラソン
6:30～ 7:00	32:30～ 35:00	1:05:00～ 1:10:00	2:10:00～ 2:20:00	3:15:00～ 3:30:00	4:34:16～ 4:55:22

サブ4

1km	5km	10km	20km	30km	フルマラソン
5:30～ 5:40	27:30～ 28:20	55:00～ 56:40	1:50:00～ 1:53:20	2:45:00～ 2:50:00	3:52:04～ 3:59:06

サブ3

1km	5km	10km	20km	30km	フルマラソン
4:10～ 4:15	20:50～ 21:15	41:40～ 42:30	1:23:20～ 1:25:00	2:05:00～ 2:07:30	2:55:49～ 2:59:20

練習の前に／走り込み期②の目標

30kmを目標に、レースと同じペースで走ることを意識する

走り込み期②では30kmを目標に、スタミナとペース感覚を養っていきます。
サブ4以上のランナーは、ただ30kmを走るだけでなく、
レースペースを意識することでタイム短縮が期待できます。

走り込み期②の目標
- 余裕を持って30kmを走れるようになること
- レースペースで10km、30kmを走れるようになること

走り込み期②で獲得する能力
① 持久力
② スピード持久力
③ レースペース感覚

▶▶▶ レースペースを維持して30kmを走破する

　走り込み期②は、走り込み期①までで培った持久力、スピード持久力、ペース感覚の各能力を、さらに向上させていきます。

　まず30kmを走れるようになることが、走り込み期②の目標です。レースペースの感覚を養うことも大切になるため、タイムを意識してトレーニングすることが大切になります。完走だけを目標とする場合は、そこまでタイムを意識する必要はありません。ですが、サブ4、サブ3を目指す場合は、30kmのペース走（もしくはビルドアップ走）をレースペースで確実に走れるようになりましょう。

　30kmを確実に走破できるようになれば、フルマラソンを完走する力は十分にあります。そのため、サブ4以上を目指す場合でなければ、このあとにレースに出場してもよいでしょう。

✓ **メニューチェック** 走り込み期②におけるラントレーニングのポイントを確認しましょう

☐ ペース走 （52ページ）
一定のペースで一定の距離を走るトレーニング

実施例 週1回／①10km走、②30km走

ポイント レースを見据えて、きちんとペースをコントロールできるようする。10kmと30kmの2種類の距離を、一定のペースを維持して走る。

[完走目標] 必要なし
[ビギナー] ①6分40秒〜7分00秒/km
　　　　　②7分00秒/km
[サブ4] ①5分20秒〜5分30秒/km
　　　　②5分30秒〜6分00秒/km
[サブ3] ①4分00秒〜4分15秒/km
　　　　②4分10秒〜4分30秒/km

☐ ビルドアップ走 （90ページ）
段階的にペースアップするトレーニング

実施例 週1回／①5km〜10km走、②30km走

ポイント 持久力とペース感覚を向上させる。少しずつスピードアップするイメージで、10kmと30kmのビルドアップ走を行う。

[完走目標] ①7分30秒/km→7分00秒/km
　　　　　②8分00秒/km→7分15秒/km
[ビギナー] ①7分00秒/km→6分30秒/km
　　　　　②7分30秒/km→6分45秒/km
[サブ4] ①5分30秒/km→5分00秒/km
　　　　②6分00秒/km→5分15秒/km
[サブ3] ①4分15秒/km→3分45秒/km
　　　　②4分45秒/km→4分00秒/km

☐ インターバル走 （114ページ）
疾走とジョグを繰り返すトレーニング

実施例 月1〜2回

ポイント スピード系の負荷をかけ、心肺機能の強化やスピード持久力を養う。負荷が高いため、自身の体調と相談し、疲労を蓄積しないようにする。

レベル別到達度チェック →次の内容がクリアできたら次の期（第4章）に進もう！

サブ3 30kmを4分30秒/kmペースで走れるようになったら

サブ4 30kmを5分50秒/kmペースで走れるようになったら

ビギナー 25〜30kmを7分00秒/kmペースで走れるようになったら

完走目標 連続90分ジョギングができるようになったら

ラントレーニング(インターバル走)

メニュー 09 インターバル走

ねらい 心肺機能を鍛え、疲労物質がたまりにくい体をつくります。また、スピード持久力アップも期待できます。

疾走時は、ウインドスプリントを走るようなイメージで走る

インターバルでは、ジョギングで呼吸を整える

再び疾走。急激なスピードの増減はNG

▶▶▶ 効果は高いが、リスクも高いトレーニング

　インターバル走は、速く走る→ゆっくり走るを繰り返して行うスピード系トレーニングです。具体的には、400m程度の距離を80％の力で走り、約200mのジョギングをインターバル（リカバリー）として挟み、再び400mの距離を走ります。

　止まることなく疾走とジョギングを連続して繰り返すため、負荷の高いトレーニングになりま

す。心肺機能を鍛えるのに適していて、疲労物質がたまりにくい体をつくることができます。また、スピード持久力を高める効果もあり、スタミナにスピードを上乗せしたい場合に有効です。

　ただし、疲労がたまりやすいため、週に何度も行うトレーニングではありません。基本的には週に1回、多くても週2回までにとどめましょう。レース直前などに行うのも避けてください。

レベル別アドバイス

完走目標
とくに必要なトレーニングではありません。ウインドスプリントの間隔を短くして、負荷の低いインターバル走に変えられます。

ビギナー
疲労がたまりやすいトレーニングです。そのため、ある程度走力がアップしてから行うようにしましょう。

サブ4
ペースを上げすぎると本数をこなせなくなってしまうので、最初は余裕のあるペースで行い、徐々にペースアップしていきましょう。

サブ3
フォームを崩さないように注意しましょう。本数やタイムにこだわりすぎず、ペースはそのときの体調によって決定しましょう。

トレーニングイメージ →「疾走→ジョグ」を繰り返す

インターバル走のポイントは、リカバリーでのジョギング。立ち止まらず、ジョギングするなかで呼吸を落ち着かせる(脈拍数を下げる)ことで、練習効果を高められる。

① 80%の力で疾走
最初の400mは、80%の力で疾走する。気持ちよく走るイメージで、追い込んではいけない

② ジョグで呼吸を整える
徐々にジョギングに移り、200mでしっかり呼吸を整える。立ち止まらないようにする

③ 再び80%で疾走
徐々にスピードを上げて、次の400mを疾走。疲れるとフォームが崩れやすくなるので、正しいフォームを意識する

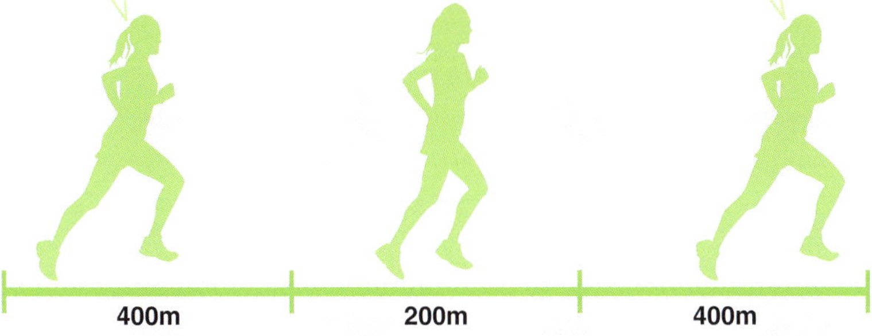

400m　200m　400m

ココが大事! インターバルをとり過ぎても効果が薄れてしまう

インターバル(リカバリー)では呼吸を整えることが大切ですが、あまりにもゆっくりジョギングしてインターバルを長くするとトレーニングの効果が薄れます。ある程度、呼吸が落ち着いてから再び疾走するイメージで。能力や何本目かによって多少の差は出てきますが、タイムを確認しながら行うことをオススメします。

練習プログラムの組み方

練習プログラム
完走目標モデル(走り込み期②)

ねらい ゆっくりしたペースでも定期的に長い距離を走っていれば、着実にスタミナがつきます。自信も少しずつついてきたでしょうから、90分間走り続けることを目標に走り込みを行いましょう。

	月	火	水
第1週	休養	●ビルドアップ走 40分 (残り10分ペースアップ)	休養
第2週	休養	●ビルドアップ走 40分 (残り10分ペースアップ)	休養
第3週	休養	●ビルドアップ走 40分 (残り10分ペースアップ)	休養
第4週	休養	休養	●ジョギング 40分

□ 色のマス=つなぎの練習　■ 色のマス=ポイント練習

▶▶▶ ゆっくりペースで90分を目標に走り込む

　マラソン初挑戦の人も走り込み期①までのトレーニングによって、少しずつ長い距離を走ることに慣れてきたことでしょう。しかし、走り込み期②に入っても、急激にトレーニング時間や強度を上げるようなことはしません。

　完走目標レベルのランナーが、走り込み期②に目指すのは90分間無理なく走ることです。タイムを気にする必要はないので、余裕を感じるくらいのペースを保って走りましょう。

　走る回数は、週に2～4回。練習時間は多少伸びますが、それでも平日は40分程度です。週末に少し長め(60～90分)に走り、さらなるスタミナアップを目指しましょう。

　90分間走ることができればよい経験になり、自信も芽生えてフルマラソンの完走に近づくことができます。

アレンジ 1 週末は長い距離を走って持久力をアップ

週末は、長い距離を走る日として位置づけましょう。完走目標レベルのランナーであれば、走り込み期②では約90分間走り続けることが目標ですが、毎回無理して走る必要もありません。やれる範囲で長く走れば、自然と持久力は高まっていきます。

アレンジ 2 疲労具合を考慮して平日の練習を調整する

平日の練習は、週末のポイント練習後の疲労具合によって決めましょう。体にダメージが残っている場合は、2〜3日休養をとるのもOKです。その際は火曜日のポイント練習を、水曜日にスライドさせましょう。

木	金	土	日
休養	休養	●ウォーキング 20分 ●ジョギング 60分	休養
●ジョギング 30分	休養	●ジョギング 60〜90分	休養
●ジョギング 30分	休養	●ジョギング 20分 ●ウインドスプリント 3本	●ジョギング 90分 or ●10kmもしくはハーフのレース出場 （ゆっくりでも完走できればOK）
休養	休養	●ジョギング 60〜90分	休養

ジョギングを連続90分できるようになったら **次の章へ →**

ココが大事! トレーニング計画は幅を持たせましょう!

トレーニング計画を立てることは大切ですが、そのとおりにトレーニングしようとすると無理が生まれるときがあります。無理に走れば、ケガや疲労の蓄積につながります。

トレーニングの基本は、楽しく走ることです。必死にスケジュールをこなすのは、結果的に長続きしません。そこで、体調や気持ちに合わせて計画を変えて、「長い時間走ればOK」「いつもより速く走ればOK」などとするだけでも、トレーニング効果は十分にあります。

練習プログラムの組み方

練習プログラム ビギナーモデル（走り込み期②）

ねらい スタミナを養うためのトレーニングは仕上げに入ります。30kmを無理なく走れるようになれば、フルマラソンは完走したも同然です。疲労の蓄積によるケガに気をつけながら練習を継続しましょう。

	月	火	水
第1週	休養	●ジョギング 30分 ●ウインドスプリント 3本	●ジョギング 2km ●ペース走 8km 設定ペース： 6分40秒～7分00秒/km
第2週	休養	休養	●ジョギング 2km ●インターバル走 　1km×5本 　※リカバリー＝200m 設定ペース： 6分30秒/km
第3週	休養	●ジョギング 30分 ●ウインドスプリント 3本	●ジョギング 2km ●ビルドアップ走 5km 設定ペース： 7分00秒→6分30秒/km
第4週	休養	休養	●ジョギング 2km ●ペース走 8km 設定ペース： 6分30秒～6分40秒/km

□ 色のマス＝つなぎの練習　　■ 色のマス＝ポイント練習

▶▶▶ 疲労の蓄積に注意しつつ30kmを目指して走る

　4時間台での走破を目指す人は、走り込み期②で30kmを目標に走る距離を伸ばしていきます。走る日数が週3～4回に増えるため、時間のやりくりが難しくなってきますが、週末と平日の朝夕の時間を有効に使って、プログラムを確実に消化しましょう。

　走り込み期②のビギナー向けプログラムでは、週末に20～30kmを走るメニューを入れています。距離が伸びたぶん疲労もたまりやすいので、しっかり休養をとって疲労を抜く意識が大切です。73ページでも述べたように練習量が増えたら、それに比例して睡眠時間や食事量を増やすことが大切です。疲労が蓄積してしまうと、トレーニングの効果が落ちるだけでなく、ケガにつながり、トレーニング計画に支障が出る可能性もあるため注意しましょう。

アレンジ 1	まずは平坦なコースで長い距離を走ってみる

確実に30kmを走りたい場合は、起伏のあるコースは避け、平坦なコースで完走を目指しましょう。それができるようになってから、起伏のあるコースを30kmを走ることで、さらに力がつきます。

アレンジ 2	スピードアップは最後だけでも効果あり

日曜日のビルドアップ走は、徐々にペースアップしていく練習です。1人でペースアップすることが難しい人は、一定のペースで走り、最後数kmだけペースアップする方法でもかまいません。それでも難しい人は、無理せず一定のペースで完走を目指しましょう。

木	金	土	日
休養	休養	●ジョギング 30分 ●ウインドスプリント 3本	●ペース走 20km 設定ペース：7分00秒/km or ●クロスカントリー 20km
休養	休養	●ジョギング 30～40分 ●ウインドスプリント 3本 （坂道ダッシュでもOK）	●ビルドアップ走 20～25km 設定ペース：7分30秒→6分45秒/km
休養	休養	●ジョギング 30～40分 ●ウインドスプリント 3本	●クロスカントリー 20～25km
休養	休養	●ジョギング 30～40分 ●ウインドスプリント 3本 （坂道ダッシュでもOK）	●ビルドアップ走 25～30km 設定ペース：7分30秒→6分45秒/km

25～30kmを7分00秒/kmペースで走れるようになったら　次の章へ ➡

ココが大事！ 気象条件に合わせてトレーニングしましょう！

トレーニングをするとき、常によい気象条件で走れるとは限りません。暑かったり強風になったり、雨や雪が降るときもあります。常に天候や気温に合わせて、柔軟に対応することが大切です。たとえば暑い日は無理しすぎると熱中症になる危険があり、雪の中のランニングは転倒し、事故につながる恐れがあります。

そのため、無理をせず安全な場所を選んで走りましょう。強風、雨などの場合は、それほどひどくなければ慣れる意味でチャレンジしてもよいでしょう。

練習プログラムの組み方

練習プログラム サブ4モデル（走り込み期②）

ねらい 走る距離を伸ばす最終段階です。30kmを無理なく走れ、なおかつ5分台/kmを維持できるようにならなければ、サブ4を達成することはできません。週5回のトレーニングをしっかり消化しましょう。

	月	火	水
第1週	休養	●ジョギング 30分 ●ウインドスプリント 3本	●ジョギング 2km ●ペース走 10km 設定ペース： 5分30秒～5分40秒/km
第2週	休養	●ジョギング 40分 ●ウインドスプリント 3本	●ジョギング 2km ●インターバル走 1km×5本 ※リカバリー=200m 設定ペース： 5分00秒/km
第3週	休養	●ジョギング 60分 ●ウインドスプリント 3本	●ジョギング 2km ●ビルドアップ走 5km 設定ペース： 5分30秒→5分00秒/km
第4週	休養	●ジョギング 60分 ●ウインドスプリント 3～5本	●ジョギング 2km ●ペース走 10km 設定ペース： 5分20秒～5分30秒/km

色のマス＝つなぎの練習　　色のマス＝ポイント練習

▶▶▶ 30kmに伸ばしつつ5分台/kmを目指す

　私の指導では1日のランニングトレーニングで走る距離を、30kmまでにしています。つまり走り込み期②は、走る距離を伸ばす最後の期間です。この30kmという距離を、無理なく走れるようにならなければいけません。
　さらにサブ4を目指す人は、走破するタイムを意識します。少なくとも1kmを5分台で走れるようにトレーニングを積み重ねていきましょう。

　また、走り込み期②では初めてクロスカントリーが登場します。近隣の自然公園などに起伏のあるコースがあるなど、練習できる環境がある人は積極的に取り入れてください。クロスカントリーに適したコースがない場合は、ペース走やビルドアップ走などで代用しましょう。

アレンジ 1 疲労が抜けないときは休養日を増やす

このプログラムの場合、練習のメインは日曜日です。練習後、1日の休養では疲労が抜けない可能性がありますので、火曜日はもっと軽いメニューにするか、休養してもOKです。しっかり疲労を抜いて、次のメニューを着実にこなしましょう。

アレンジ 2 週末の遅れは平日にカバーする

水曜日のポイント練習は、短い距離を速いペースを走るスピード練習です。ただし、週末に長い距離を走る練習ができなかった人は、このメニュー後に長めのジョギングを行い、持久力アップのカバーもしましょう。

木	金	土	日
●ジョギング 30分	休養	●ジョギング 30分 ●ウインドスプリント 3本	●ペース走 20〜30km 設定ペース：6分00秒/km or ●クロスカントリー 20km
●ジョギング 30分	休養	●ジョギング 30〜40分 ●ウインドスプリント 3本 （坂道ダッシュでもOK）	●ビルドアップ走 25〜30km 設定ペース：6分15秒→5分15秒/km
●ジョギング 30分	休養	●ジョギング 30〜40分 ●ウインドスプリント 3本	●クロスカントリー 20km 設定ペース：5分30秒〜6分00秒/km or ●10kmもしくはハーフのレース出場
●ジョギング 30分	休養	●ジョギング 30〜40分 ●ウインドスプリント 3〜5本 （坂道ダッシュでもOK）	●ビルドアップ走 25〜30km 設定ペース：6分00秒→5分15秒/km

30kmを5分50秒/kmペースで走れるようになったら **次の章へ →**

ココが大事！ トレーニングのバランスは走る、栄養、休養！

走りこみ期②になると、それまでのトレーニングで蓄積した疲労が抜けなかったり、脚に違和感が出てくることがあります。それを放置すると、回復不可能なダメージを負ってしまう可能性もあります。

そこで大切なのは、予定した練習メニューをこなすことに集中しすぎないこと。トレーニングは、走ることだけで成り立つのではありません。練習、栄養、休養の3つのバランスが整って初めて、効果的なレベルアップが可能になるのです。

練習プログラムの組み方

練習プログラム サブ3モデル（走り込み期②）

ねらい サブ3という高い目標を達成するためには、自然とトレーニングも厳しくなります。ただ総走行距離を積み上げればよいわけではなく、練習効率を考えてプログラムを組み、消化することが大切です。

	月	火	水
第1週	休養	●ジョギング 50分 ●ウインドスプリント 3本	●ペース走 8～10km 設定ペース： 4分00秒～4分15秒/km or ●クロスカントリー 10km
第2週	休養	●ジョギング 50分 ●ウインドスプリント 3本	●インターバル走 1km×7本 ※リカバリー＝200m 設定ペース： 3分45秒～4分00秒/km
第3週	休養	●ジョギング 60分 ●ウインドスプリント 3本	●インターバル走 2km×5本 ※リカバリー＝400m 設定ペース： 7分50秒～8分10秒/2km
第4週	休養	●ジョギング 60分 ●ウインドスプリント 3～5本	●インターバル走 400m×15本 ※リカバリー＝200m 設定ペース： 90～92秒/400m

□ 色のマス＝つなぎの練習　　■ 色のマス＝ポイント練習

▶▶▶ 焦らずしっかりとプログラムを消化する

　サブ3を目指す人であっても、距離の上限は30kmです。そのぶん走破タイムを意識しましょう。走り込み期①で20kmを4分10秒/km程度のペースで走れるようになったら、走り込み期②では同じペースで30km走破を目指します。ジョギングなどを挟んで疲労をためないようにしつつ、週1回は長い距離を走ります。
　ポイントは、長距離を走るトレーニングをしすぎないことです。とくになかなか満足のいくタイムが残せない人は、焦りから週に2回、3回と30km走をしたくなります。しかし、週に何回も30km走を繰り返せば、体に大きなダメージが蓄積します。30kmは週1回と割り切り、ほかの日はコンディションを整える、別の負荷のトレーニングをする、補強トレーニングをするなどメリハリをつけて、能力を高めていきましょう。

アレンジ 1 クロスカントリーは周ごとにタイムを確認

クロスカントリーは、起伏があるコースを走るため1kmごとのラップタイムが安定しません。そこで周回コースを走る場合は、1周ごとのタイムを参考にトレーニングを行ってください。

アレンジ 2 リカバリーの距離で強度を調節しよう

インターバル走のリカバリーは、呼吸の乱れ具合で判断して、200〜400mほどとるようにします。本数を重ねていくなかで設定ペースを守れなくなった場合は、リカバリーの距離を伸ばすか、リカバリーのスピードを遅くして疲労回復を待ちましょう。

木	金	土	日
●ジョギング 30分	休養	●ジョギング 30〜40分 ●ウインドスプリント 3本	●クロスカントリー 20〜25km 設定ペース： 4分00秒〜4分30秒/km
●ジョギング 30分	休養	●ジョギング 30〜40分 ●ウインドスプリント 3本 （坂道ダッシュでもOK）	●ビルドアップ走 20〜30km 設定ペース： 4分45秒〜4分10秒/km
●ジョギング 30分	休養	●ジョギング 30〜40分 ●ウインドスプリント 3本	●ペース走 20km 設定ペース： 4分15秒〜4分30秒/km or ●10kmもしくはハーフのレース出場
●ジョギング 30分	休養	●ジョギング 30〜40分 ●ウインドスプリント 3〜5本 （坂道ダッシュでもOK）	●ビルドアップ走 20〜30km 設定ペース： 4分30秒→4分00秒/km

30kmを4分30秒/kmペースで走れるようになったら　次の章へ ➡

ココが大事！ よかったときにとらわれず、今の体調を軸に考える

上級者になると、自己記録を更新したときのイメージを強く持ち続ける人がいます。もちろん最高のパフォーマンスが出たときのよいイメージを持ち、プラス思考で考えることは大切です。

ただし、そのときの過程をそのままマネたり、練習でのタイムを比較したりするのは危険があります。よかったときと今では、過程も気象条件も体調も違います。大切なのは、今のコンディションを軸に考え、今の体調に合わせて効果的なトレーニングを積むことです。

Column About the Marathon

ランナーのお悩み、素朴な疑問を川越監督がズバッと解決!

▶▶▶ 川越監督に聞く ランナーズQ&A ④

「更なるレベルアップ」編

Q10 どのように呼吸したらよいのでしょうか? 中学生のとき、体育の授業で「スースーハーハー」と2回吸って2回吐きなさいと教わりましたが、これは正しいのでしょうか?

A 間違いではありませんが、無理に意識しないほうがよいでしょう。人それぞれで、自分に合った呼吸法があります。走っている最中に苦しく感じたら、とくに吐くことを意識すると、その分自然と体内に酸素が入ってきて楽になります。

Q11 ちょうどよいペースで一緒に走れるパートナーが、なかなか見つかりません。どこで、どのような点に注意して探したらよいでしょうか?

A 私のクラブの練習会では、参加者のレベルに合わせてコーチが先導し、ペースメイクを行っています。ほかにも、同じ方法で練習会を実施しているクラブがいくつかあります。また、大会に参加して探す手もあります。そこで、同じくらいのペースで走る人を探しましょう。「この人の隣(後ろ)は走りやすいな」と感じることがポイントです。

Q12 身体の好不調と、予定している練習内容がかみ合わず、練習計画の修正ばかり行っています。レースに向けてパフォーマンスを上げていきたい状況でも、その繰り返しで焦ってしまいます。こういう場合、どのように考え、練習していくべきでしょうか?

A 目標や計画の理想が高すぎることが考えられますので、まずは現時点での自分の能力を把握し、少しハードルを下げて、確実に練習していきましょう。常に計画通りに行おうとはせずに、その日の体調に合わせることが大切です。とくにレース直前は多少なら質、量ともに落としても問題ありませんので、焦らずにやっていきましょう。

The Basis & Practice Menu of Marathon

第4章

記録更新に向けてスピードを養成する
「実践期」

サブ4やサブ3をクリアするためには、
スタミナだけでなく、スピード能力も求められます。
実践期は、レース本番を強く意識して、
スピードアップを図ることが大きなテーマになります。
大きな目標を達成した自分を想像して、
レベルの高いメニューに挑戦してきましょう。

練習の前に／実践期の心構え

スピード強化と体調改善を行い、レースモードの体にする

実践期では能力アップだけでなく、体のメンテナンスも大切になります。
スピード系トレーニングで心肺機能に刺激を入れると同時に、
食事や練習量を調整して血液状態をよくしましょう。

スピード持久力をアップさせる

より高い記録を目指すなら、走り込み期②までに養ったスタミナに加えて、スピード持久力の向上を目指す。

レースペースでハーフを走る

実践期ではスピード持久力向上を目指し、ハーフ（約20km）までは確実にレースペースで走れるようにする。

血液状態をよくする

体調改善の1つは、血液状態をよくすること。必要以上に汗をかくのを避け、血液中のヘモグロビンの量を確保する。

体脂肪率を減らす

この時期はトレーニング量が減るため、減った体脂肪率がリバウンドしやすい。10～20%の体脂肪率を維持したい。

▶▶▶ トレーニングと並行してメンテナンスにも注力

30kmを確実に走れるようになったら、実践期ではハーフ(約20km)をレースペースで走れるようになることが大きな目標です。そのためには、スピードアップを意識したトレーニングも行わなければなりません。

また、能力アップと同じくらい、体のメンテナンスも大切になってきます。具体的には、血液状態をよくし、体脂肪率を減らすことです。とくに血液状態については、走り込み期②までにしっかりトレーニングをしているランナーほど、貧血(ヘモグロビンが減少した)状態に陥っている可能性があります。鉄分を多く含んだ食材や、サプリメントを摂って補給しましょう。

なお、実践期からはレースを見据えて、トレーニングのしすぎにも気をつけましょう。質を高め、量を減らすイメージを持つことが大切なポイントになります。

Close up! なぜ、血液状態と体脂肪率に注目するのか？

レース本番が近づく実践期では、体調を整えることも大切です。
ポイントは「血液状態をよくする」、「体脂肪率を減らす」の2つ。
この2点に注意して、体内の状態を改善していきましょう。

血液状態

個人差はありますが、ここまでのトレーニングによって血液中のヘモグロビン量が減少していることが考えられます。ヘモグロビンが少ないと、1回の血管の収縮で体に酸素を運ぶ量が減り、疲れやすい体になります。そこで大切なのが、鉄分を多く含む食材を摂取することです。また、汗をかくとヘモグロビンが減るので、やたらとサウナに入ったり、大量に汗をかくトレーニングは避けましょう。

体脂肪率

レースに向けて、体脂肪率は10%台を維持しましょう。ここまでのトレーニングで体脂肪率はかなり下がっているはずですが、実践期では練習量を減らすため体脂肪率が上がる場合があります。トレーニング量に応じて食事量を調整して、体脂肪率をコントロールしましょう。

練習の前に／実践期の目標

レース本番をイメージして スピードとペース感覚を磨く

実践期の目標は、レース本番を意識し、スピード持久力の強化とペース感覚を磨くことです。レースに向けてトレーニング量は減らして疲労を回復しつつ、質を高めたトレーニングをこなしましょう。

実践期の目標
ハーフ(約20km)を
レースペースで走れるようになる

実践期で獲得する能力
①レースペース感覚
②スピード持久力

▶▶▶ トレーニングと休養のバランスが重要

　実践期では、レース本番を意識してトレーニングします。持久力のベースは、走り込み期②までで養うことができたと考えてよいので、ここからはより好記録を狙うために、スピード持久力の強化を図ります。

　また、レースではペースコントロールが大切になりますので、レースに向けたペース感覚も磨いていきます。具体的にはハーフ(約20km)をレースペースで走れるようになりましょう。

　また、疲労にも気を配る必要があります。ただし、むやみに休んで、せっかく培った能力をダウンさせてはいけません。そこで量を減らし、質を高めるイメージでトレーニングします。

　さらに、マッサージを受けて疲労を抜く、ビタミンBやビタミンCを多く摂取するなど、練習以外の面でも、疲労をためない工夫が大切です。

☑ **メニューチェック** 実践期におけるラントレーニングのポイントを確認しましょう

☐ ペース走 (52ページ)
一定のペースで一定の距離を走るトレーニング

実施例 週1回／①6km～10km走、②ハーフ

ポイント ハーフ(約20km)をレースペースで走れるようになること。レースペースをどのように設定するかも大切なポイントになる。

[完走目標] ①7分30秒～8分00秒/km
②8分00秒～8分30秒/km
[ビギナー] ①6分15秒～6分45秒/km
②6分45秒～7分30秒/km
[サブ4] ①5分00秒～5分30秒/km
②5分30秒～5分40秒/km
[サブ3] ①4分00秒～4分10秒/km
②4分10秒～4分15秒/km

☐ ビルドアップ走 (90ページ)
段階的にペースアップするトレーニング

実施例 週1回／①6km～10km走、②15km～30km走

ポイント 徐々にスピードを上げ、余裕のあるペースから、MAXに近いペースまで追い込む。そうすることで、持久力と同時にスピード持久力を鍛える。

[完走目標] ①7分30秒/km→7分00秒/km
②必要なし
[ビギナー] ①7分00秒/km→6分30秒/km
②必要なし
[サブ4] ①5分30秒/km→5分00秒/km
②6分00秒/km→5分30秒/km
[サブ3] ①4分15秒/km→3分50秒/km
②5分00秒/km→4分00秒/km

☐ タイムトライアル (130ページ)
レースペースより速いペースで走るトレーニング

実施例 月1回／ハーフマラソン出場 or 20km

ポイント レースペースより少し速いペースで走ることで、レースへの不安を解消する。遅くてもレース2～3週間前までに行い、追い込みすぎないように気をつける。

[完走目標] ペース設定なし(完走)
[ビギナー] 6分50秒/km→6分40秒/km
[サブ4] 5分30秒/km→5分20秒/km
[サブ3] 4分10秒/km→4分05秒/km

☐ インターバル走 (114ページ)
疾走とジョグを繰り返すトレーニング

実施例 月1～2日

ポイント 実践期で鍛えたいスピード持久力の向上が期待できるトレーニング。ただし、疲労がたまりやすいので、多くても回数は週1回までにする。

レベル別到達度チェック →次の内容がクリアできたら次の期(第5章)に進もう!

サブ3 ハーフを1時間25分以内で走れたら
サブ4 ハーフを1時間55分以内で走れたら
ビギナー ハーフを2時間25分以内で走れたら
完走目標 ハーフを最後まで歩かずに完走できたら

ラントレーニング(タイムトライアル)

メニュー 10 タイムトライアル

ねらい タイムを設定し、そのとおりに走るトレーニング。目的は本番をシミュレートし、不安を解消することが目的です。自信を持って本番に挑むことができます。

One Point! アドバイス

追い込みすぎて疲労を残さないこと

タイムトライアルは、能力アップを目指すためのトレーニングではない。不安の解消を目的としたものなので、追い込みすぎて疲労を蓄積しないように注意したい。

距離は5〜20kmの範囲内であらかじめ決めておく。レースペースよりも少し速いペースで走り、自信をつける

▶▶▶ 本番をイメージして不安を解消する

レース本番を迎えるまでは、「ちゃんとペースを守って走れるだろうか」と不安を感じてしまうものです。この不安を解消するために、レースペースよりも少し速いペースで走るタイムトライアルを行います。

距離は5kmから最大でも20km程度まで。追い込むことが目的ではないので、無理に長い距離を走る必要はありません。あくまでも「本番以上のペースで、ある程度の距離を走っても問題ない」という自信をつけることを優先しましょう。

行う時期は、レースの2〜3週間前まで。また、たとえレースペースが守れなかったとしても、落ち込む必要はありません。なぜ守れなかったのかを検討し、レースペースを再考するなどして、レース前に課題が見えたことを前向きにとらえましょう。

レベル別アドバイス

完走目標
本番をイメージして走り、オーバーペースにならないよう注意しましょう。

ビギナー
事前に走るペースを決めましょう。最初から全力で走るのではなく、初めに決めたペースで走りましょう

サブ4
本番のシミュレーションをするつもりで走りましょう。結果をもとに自分のレベルを把握し、トレーニング内容を見直します。

サブ3
現状の力を把握するためのもの。1回の結果に一喜一憂せず、本番で力を発揮することを考えて、前向きに取り組みましょう。

タイムの目安 目安を参考に、能力・疲労度に応じて微調整する

下の表は、あくまでもレベルごとでのタイムの目安。これをきっちり守らなければ、練習効果がないわけではない。能力や疲労度に応じて、タイムを設定し、無理や余裕があれば調整していく。

	5km走の場合	10km走の場合	15km走の場合	20km走の場合
完走目標	7分10秒〜 7分30秒/km	7分45秒〜 8分05秒/km	7分55秒〜 8分15秒/km	8分10秒〜 8分30秒/km
ビギナー	6分00秒〜 6分20秒/km	6分15秒〜 6分35秒/km	6分30秒〜 6分50秒/km	6分40秒〜 7分00秒/km
サブ4	5分00秒〜 5分20秒/km	5分10秒〜 5分30秒/km	5分15秒〜 5分35秒/km	5分20秒〜 5分40秒/km
サブ3	3分35秒〜 3分55秒/km	3分40秒〜 4分00秒/km	3分45秒〜 4分05秒/km	3分50秒〜 4分10秒/km

ココが大事! 短い距離の大会に出場してもよい

個人でタイムトライアルを行う代わりに、5〜10kmやハーフのレースに参加するのも1つの方法です。不安を解消するという目的が果たせるだけでなく、レースの雰囲気にも慣れることができます。目標とするレースの前にちょうどよいレースがある場合は、ぜひ参加してみましょう。

練習プログラムの組み方

完走目標モデル（実践期）

ねらい 完走目標のランナーは、実践期もスタミナアップの期間ととらえます。これまでの努力で得たスタミナをさらに上乗せして、フルマラソンを完走する体力を身につけましょう！

	月	火	水
第1週	休養	●ジョギング 30分	休養
第2週	休養	●ジョギング 40分 ●ウインドスプリント 3本	休養
第3週	休養	●ジョギング 40分 ●ウインドスプリント 3本	休養
第4週	休養	●ジョギング 30分	休養

□ 色のマス＝つなぎの練習　□ 色のマス＝ポイント練習

▶▶▶ 理想は120分完走。少しずつ走れる距離を伸ばす！

　自己記録更新を目指すなら、実践期はレースペースを意識してスピードアップを図る時期です。ただし、「まずは完走！」というランナーであれば、この時期もフルマラソンを走り切るためのスタミナづくりに集中しましょう。

　実践期では、トレーニングの回数を週3～4回に増やします。練習時間も平日は60分以内、週末は90～120分と少し長くなりますが、ここまできちんとプログラムを消化してきたランナーにとってはそれほど、難易度は高くないはずです。

　120分間を走り切るスタミナが身につけばフルマラソンの完走はもうすぐそこです。疲労もたまりやすくツラい時期ですが、上手に疲労を抜きつつ、目標に向かって走り込みましょう。

アレンジ 1	疲労がたまってきたら休養日を調節する	アレンジ 2	タイムに固執して距離が短くなるのはNG
	週末のポイント練習でたまった疲労が抜けない場合は、火曜日の練習を無理にやる必要はありません。週2、3回のトレーニングを続け、余裕があるときだけ火曜日のトレーニングを行ってもよいでしょう。		平日のビルドアップ走やペース走は、普段のジョギングよりも少しペースアップさせればOKです。タイムを気にしすぎて、走る距離が短くなってしまうことのほうが問題です。

木	金	土	日
●ビルドアップ走 40分 （残り10分ペースアップ）	休養	●ジョギング 30分 ●ウインドスプリント 3本	●ウォーキング 60分 ●ジョギング 60〜90分
●ビルドアップ走 40分 （残り10分ペースアップ）	休養	●ジョギング 30分 ●ウインドスプリント 3本	●ジョギング 90〜120分
●ジョギング 30分	休養	●ジョギング 20分 ●ウインドスプリント 3本	●ジョギング 90〜120分 or ●ハーフのレース出場 （ゆっくりでも完走できればOK）
●ペース走 40分 （一定ペースで走り切る）	休養	休養	●ジョギング 90〜120分

ハーフを最後まで歩かずに完走できたら **次の章へ ➡**

ココが大事！ 自分に合った方法で疲労をしっかり回復させる

トレーニングを積み重ねてくると、疲労回復が大きなポイントとなってきます。疲労が抜けないときに長い距離のペース走をやると、さらに疲労が蓄積する可能性があります。

そのため、疲労がなかなか回復しないときは、思い切ってペース走を中止してみましょう。

休養に変えてマッサージや鍼灸を受けたり、酸素カプセルに入ったり、温泉に行ったりするなど、自分に合った方法で心身ともにリフレッシュさせることが大切です。

練習プログラムの組み方

練習プログラム ビギナーモデル（実践期）

ねらい 4時間台での完走を目指すなら、スピード強化を重視する必要はありません。レースペース（7分20秒/km）、もしくはそれより速いペース（6〜7分/km）を体感し、スピード感を体で覚えましょう！

	月	火	水
第1週	休養	休養	●ジョギング 30分 （疲労がたまっている場合は、休養でもOK）
第2週	休養	休養	●ジョギング 30分 ●ウインドスプリント 3本 （疲労がたまっている場合は、休養でもOK）
第3週	休養	休養	●ジョギング 30分 ●ウインドスプリント 3本 （疲労がたまっている場合は、休養でもOK）
第4週	休養	休養	●ジョギング 30分 ●ウインドスプリント 3本 （疲労がたまっている場合は、休養でもOK）

□ 色のマス＝つなぎの練習　　■ 色のマス＝ポイント練習

▶▶▶ レースペースを体感してレースに備える

走り込み期②までに30kmを無理なく走れるようになったら、実践期ではレースペースを意識したトレーニングを取り入れます。目的はレース本番のためのペース感覚を磨くことです。

1kmを7分20秒程度で走ることができれば、4時間台でのマラソン完走は十分に可能です。このレースペースは途中で歩かず、ゆっくりでも走り続けられれば達成できるものです。そのため、ビギナーレベルのランナーには、それほど多くのスピード強化トレーニングは必要ないといえるでしょう。

具体的には週1回、ビルドアップ走やペース走などで長い距離を走って、レースペースを体感します。中間は、ジョギングなどの適度な運動と休養で疲労を抜きつつ、いいコンディションでポイント練習ができるようにしましょう。

アレンジ1　距離走の長さを隔週で調節する

週末に長い距離を走るのは、体力がついていれば問題ありませんが、毎週長く走ると疲労が蓄積してしまう可能性があります。そこで、隔週で25～30kmと15～20kmの2つのバリエーションを設けて、距離を調節てもよいでしょう。

アレンジ2　体調次第で練習日をスライドさせてもいい

疲労具合により水曜日を休養にして、確実に回復してから木曜日の練習に入るなど、体調に合わせてスケジュールを変更しましょう。もちろん、スケジュールどおりにトレーニングを消化するのがNGという意味ではありません。

木	金	土	日
●ジョギング 2km ●ペース走 6km 設定ペース： 6分30秒～6分40秒/km	休養	●ジョギング 40分 ●ウインドスプリント 3本	●ジョギング 90～120分
●ジョギング 2km ●ビルドアップ走 6～8km 設定ペース： 7分00秒→6分30秒/km	休養	●ジョギング 40分 ●ウインドスプリント 3本	●ジョギング 90～120分
●ジョギング 2km ●ビルドアップ走 6～8km 設定ペース： 7分00秒→6分30秒/km	休養	●ジョギング 20分 ●ウインドスプリント 3本	●ジョギング 90～120分 or ●10kmもしくは ハーフのレース出場
●ジョギング 2km ●ビルドアップ走 6～8km 設定ペース： 7分00秒→6分30秒/km	休養	●ジョギング 30分 ●ウインドスプリント 3本	●ジョギング 90～120分

ハーフを2時間25分以内で走れたら　**次の章へ ➡**

ココが大事!　完走を見据えつつ食生活を見直す

実践期に入ったとき、すでに完走のできるメドが立っていることが理想です。目安は、30kmを歩かず、完走できるかどうか。まだ30kmの途中で歩いてしまう人は、ジョギングにウォーキングを取り入れて、なるべく長い時間を動くようにしましょう。

また、実践期に入ってもなかなか体脂肪が落ちない人は、食生活に問題があります。脂っこい食べ物やカロリーの高いものは控えて、体脂肪を落とす努力をしましょう。

練習プログラムの組み方

練習プログラム サブ4モデル（実践期）

ねらい 実践期では、レースペースの感覚を身につけることとスピードの強化がねらいです。また、レースに疲労を残したくないため、トレーニングの量と質のバランスをとることも大切になります。

	月	火	水
第1週	休養	●ジョギング 30分 ●ウインドスプリント 3本	●ジョギング 2km ●ビルドアップ走 5km 設定ペース： 5分30秒→5分00秒/km
第2週	休養	●ジョギング 30分	●ジョギング 2km ●ビルドアップ走 8km 設定ペース： 5分30秒→5分00秒/km
第3週	休養	●ジョギング 40分 ●ウインドスプリント 3本	●ジョギング 2km ●ビルドアップ走 8km 設定ペース： 5分30秒→5分00秒/km
第4週	休養	●ジョギング 40分 ●ウインドスプリント 3～5本	●ジョギング 2km ●インターバル走 1km×5本 ※リカバリー＝200m 設定ペース： 5分00秒/km

□ 色のマス＝つなぎの練習　　■ 色のマス＝ポイント練習

▶▶▶ 3時間台で走るペース感覚を身につける

　実践期からは、主にレースペースの感覚をつかむこととスピード強化を目指します。また、疲労を蓄積させないよう、量から質へとトレーニング内容を方向転換していきます。

　サブ4で走るためには、遅くとも5分40秒/kmペースで42.195kmを走らなければいけません。レース後半で疲労からペースダウンしてしまう可能性もあるため、トレーニングでは1kmあたり5分台前半で走れるようにしておきましょう。

　また、実践期もしくは走り込み期②では、ハーフマラソンや10kmマラソンに参加するのも効果的です。本番の予行練習にもなりますし、「雰囲気にのまれてついオーバーペースになってしまう」など、レースでしか見えない自分の課題が見つかることもあります。

アレンジ 1	体調に応じて柔軟に計画を変更する

水曜日のポイント練習でのダメージがある場合は、木曜日を休養にしてもOKです。あるいは、積極的休養（73ページ）としてウォーキングなど、軽めのメニューで疲労回復を促すののもいいでしょう。

アレンジ 2	体調管理と計画の調整が目標達成のカギ

疲労が出やすい時期です。確実に走れるやり方を守ることが大事ですので、ときにはペースや距離を下方修正することも必要です。計画に固執せず、体調を最優先に考えて、練習予定をアレンジしましょう。

木	金	土	日
●ジョギング 30分	休養	●ジョギング 30分 ●ウインドスプリント 3本	●ビルドアップ走 20〜30km 設定ペース：6分00秒→5分30秒/km
●ジョギング 30分	休養	●ジョギング 30分 ●ウインドスプリント 3本 （坂道ダッシュでもOK）	●ペース走 25〜30km 設定ペース：5分40秒/km
●ジョギング 40分	休養	●ジョギング 40分 ●ウインドスプリント 3本	●ビルドアップ走 20〜30km 設定ペース：6分00秒→5分30秒/km or ●ハーフのレース出場
●ジョギング 40分	休養	●ジョギング 40分 ●ウインドスプリント 3〜5本 （坂道ダッシュでもOK）	●ペース走 15〜20km 設定ペース：5分30秒/km

ハーフを1時間55分以内で走れたら 次の章へ ➡

ココが大事！ 実戦経験を積むためにレースに参加してみよう！

実践的なトレーニングを積む目的で、ハーフマラソンに出場することをオススメします。トレーニングでは同じ距離をちゃんとしたペースで走れても、実際のレースになると緊張してオーバーペースになったり、ついカッとなってほかのランナーと競争して体力を消耗してしまったりと、普段のトレーニングでは経験できない事態が起きます。レースに出ると自分がどうなりやすいのかを把握し、対処方法を見つけるために積極的にチャレンジしてみましょう。

練習プログラムの組み方

練習プログラム サブ3モデル（実践期）

ねらい 実践期を消化すれば、調整期を経て、いよいよレース本番となります。サブ3達成の成否は、実践期でのスピード強化とペース感覚のマスターにかかっています。能力アップの仕上げにかかりましょう！

	月	火	水
第1週	休養	●ジョギング 50分 ●ウインドスプリント 3本	●ペース走 8〜10km 設定ペース： 4分00秒〜4分10秒/km or ●クロスカントリー 10km
第2週	休養	●ジョギング 50分 ●ウインドスプリント 3本	●インターバル走 1km×7本 ※リカバリー＝200m 設定ペース： 3分45秒〜4分00秒/km
第3週	休養	●ジョギング 60分 ●ウインドスプリント 3本	●ビルドアップ走 8〜10km 設定ペース： 4分15秒→3分50秒/km or ●クロスカントリー 10km
第4週	休養	●ジョギング 40分 ●ウインドスプリント 3〜5本	●インターバル走 400m×10本 ※リカバリー＝200m 設定ペース： 90〜92秒/400m

□ 色のマス＝つなぎの練習　■ 色のマス＝ポイント練習

▶▶▶ サブ3達成に不可欠なスピード強化を中心に

　サブ3を目指すランナーにとって、実践期は非常に大切な期間です。なぜなら、単純計算でも42.195kmを4分10秒/kmのペースで走らなければならないからです。1kmを4分台前半で走るためには、スピードの強化が不可欠になります。そこで、実践期ではこれまで鍛えてきたスタミナに加えて、スピード能力を向上させることが重要課題となります。

　そこで、プログラムには、インターバル走を多めに入れています。レースが近いため、2週間に1回程度ですが、大きなスピードアップが期待できます。ただし、インターバル走は疲労が残りやすいため、やりすぎに気をつけましょう。どんなに多くても週1回、基本的には2週間に1回程度にとどめておかないとレース本番まで疲労が抜けない可能性もあります。

アレンジ 1　短い距離を速くor長い距離をゆっくり

毎週末、必ず長い距離を走る必要はありません。そこで、15kmをやる場合は設定タイムを速くし、30kmなど距離が伸びる場合は設定タイムを遅くする、距離に合わせたペース設定をしましょう。

アレンジ 2　ATペースを意識して終盤に速度調節

実践期になるとレース本番を意識するあまり、トレーニングの進み具合が気になって焦りがちです。そのため、距離や速さにこだわりたくなりますが、あくまでもATペースが基本です。「ペースアップは後半から」を、常に意識しましょう。

木	金	土	日
●ジョギング 30分	休養	●ジョギング 30〜40分 ●ウインドスプリント 3本	●ビルドアップ走 15〜25km 設定ペース：5分00秒→4分30秒/km
●ジョギング 30分	休養	●ジョギング 30〜40分 ●ウインドスプリント 3本 （坂道ダッシュでもOK）	●ビルドアップ走 20〜30km 設定ペース：5分00秒→4分00秒/km
●ジョギング 30分	休養	●ジョギング 30〜40分 ●ウインドスプリント 3本	●ペース走 20km 設定ペース：4分10秒/km or ●ハーフのレース出場
●ジョギング 30分	休養	●ジョギング 30〜40分 ●ウインドスプリント 3〜5本 （坂道ダッシュでもOK）	●ビルドアップ走 20〜30km 設定ペース：4分20秒→4分00秒/km

ハーフを1時間25分以内で走れたら　次の章へ ➡

ココが大事！　本番に向けて血液状態を向上させる

サブ3を目指すランナーは、日誌をつけるなかで、フィジカル面を管理することも必要です。とくに血液状態と体脂肪は、レースに向けてよい状態にしていかなければいけません。

なかでも、血液のヘモグロビン値を向上させるよう努力しましょう。そのためには、硬い路面でのトレーニングをできるだけ避ける、汗をかきすぎない、鉄分の多い食事を心がけるなどの方法があります。このように科学的データを取り入れることも、記録更新につながります。

Column About the Marathon

市民ランナーに、マラソンにまつわる生の声を聞いてみました。
川越監督のコメントと合わせて、トレーニングの参考にしましょう！

▶▶▶ Runner's Voice ①
マラソンを始めたきっかけは何ですか？

- 高校のときに長距離走が得意だったから。
- どうしてもスポーツで納得のいく結果を出したかったから。自分の人生を悔いなく生きるために、スポーツで記録を残すことへのこだわりがあった。
- 健康づくりのため。
- 東京マラソンに当選し、出場することになったから。
- 体重が増えたので、ダイエットするため。
- 友達に誘われて。
- マラソンをすると、食事が美味しく感じるだろうと思って。
- 友人と一緒に駅伝大会に出てみたら、自分が速いほうだと感じ、長距離走にはまっていった。
- ジムに通ってトレッドミルで走っていたら、外で走りたくなった。そのとき、大会に誘われたため。

川越's CHECK!

私は健康維持やダイエットには、マラソンがもっとも効果的だと考えています。目標を決めて、ぜひ継続してほしいです。また、ジムで身体を鍛えている人にも、どんどんマラソンにチャレンジしてほしいですね。外で走ると気持ちがいいですし、ご飯やお酒が美味しくなります！　四季を感じることがストレス解消にもつながります。大会参加ついでに観光ができるので、各地のよいものに触れる機会がつくれます。

▶▶▶ Runner's Voice ②
マラソンをやっていることで、普段の生活のなかで、どのようなことに気をつけていますか？

- 夜更かしや深酒をしないようにする。
- 毎日ちゃんと睡眠時間を確保する。
- ファストフードなどを食べないようにする。
- エネルギーが摂れる食事を心がける
- 走る日を3日以上空けない。
- マラソンにはまりすぎて自分中心にならず、家族中心でいられるように、時間配分を考えている。

川越's CHECK!

睡眠不足や二日酔いの状態で、よいトレーニングをすることはできません。マラソンは、このあたりのごまかしが効かないのです。また、エネルギー補給も大事なことですが、そればかりではいけません。全体の栄養バランスを考えることが大切です。時間配分の意識もとてもGOOD！　ご家族や周囲の応援があってこそ、楽しく充実したランニングライフを送ることができます。

The Basis & Practice Menu of Marathon

第5章

レースに向けて体調を整える
「調整期」

レース直前までハードに走り込んでいては、
本番で最高の走りをすることはできません。
調整期では、能力を維持したまま疲労を抜き、
コンディションを整えることに主眼を置きます。
これまでのこなしてきたトレーニングを信じて、
レース当日に調子のピークを合わせることだけに集中しましょう。

練習の前に／調整期の心構え

調子のピークを
レース当日に合わせる

調整期はレース当日に合わせて、コンディションを整える時期。
能力アップを図るのではなく、ベストな状態でレースを迎えるために、
あらゆる面に気を配ります。最後の準備期間と捉えましょう。

疲労を回復させる

疲労がたまったままでは、100%のパフォーマンスを発揮することはできない。ここまできたら自分の力を信じて、休養をとることも大切。

体調を整える

バランスのとれた食事、マッサージによるケア、十分な睡眠、適度なトレーニングなど、あらゆる面から体調を整えることを意識する。

調子を上げる

疲労が回復し、体調が整えば、自然と調子が上がる。トレーニングを減らすことへの不安感は、適度なトレーニングで打ち消そう。

▶▶▶ 能力を維持しつつ、コンディションを整える

レース直前になると、「まだトレーニングが十分ではないのでは？」と焦り、慌てて負荷の高いトレーニングを行ってしまう人もいますが、これは完全に逆効果です。レース直前（10〜14日間）の調整期に入ったら、トレーニングに力を注ぐのではなく、今ある能力を最大限に発揮するためのコンディション調整を最優先すべきです。

イメージとしては現在の能力を維持するための最低限のトレーニングを行いつつ、疲労回復や体調を整えるためのケアを行うことです。

また、カーボローディング（146ページ）を行い、エネルギーのもとになるグリコーゲンを体内に多く貯め込んで、レースに挑むことができれば、目標達成にぐっと近づけるでしょう。

Close up! レース本番に向けたコンディション調整

調整期のポイントは「能力」、「疲労」、「調子」の3要素に注目すること。
能力は維持し、疲労はしっかりと抜いて下げ、体調を整えることで調子を上げます。

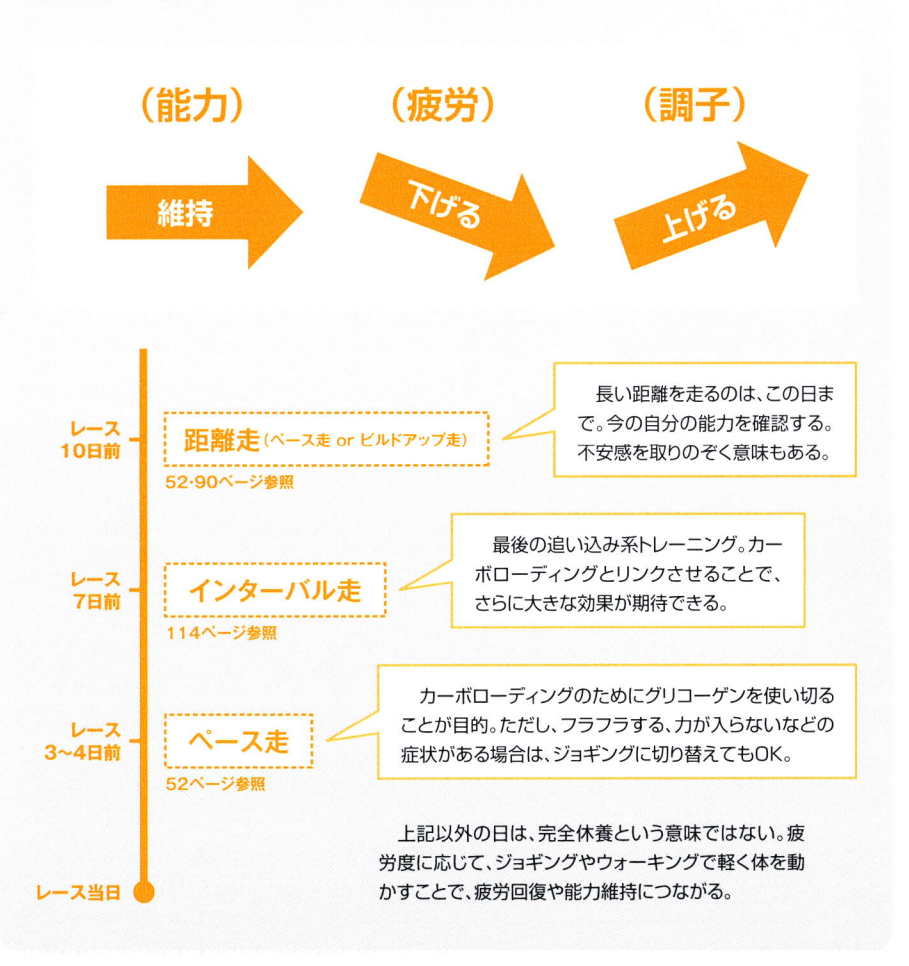

（能力）維持　（疲労）下げる　（調子）上げる

レース10日前：距離走（ペース走 or ビルドアップ走） 52・90ページ参照
長い距離を走るのは、この日まで。今の自分の能力を確認する。不安感を取りのぞく意味もある。

レース7日前：インターバル走 114ページ参照
最後の追い込み系トレーニング。カーボローディングとリンクさせることで、さらに大きな効果が期待できる。

レース3〜4日前：ペース走 52ページ参照
カーボローディングのためにグリコーゲンを使い切ることが目的。ただし、フラフラする、力が入らないなどの症状がある場合は、ジョギングに切り替えてもOK。

レース当日

上記以外の日は、完全休養という意味ではない。疲労度に応じて、ジョギングやウォーキングで軽く体を動かすことで、疲労回復や能力維持につながる。

練習の前に／調整期の目標

レース本番に向けて、疲労を減らし、調子を上げる

レースに向けて、コンディション調整を重視します。
実践期と比べてトレーニング量を70％程度に減らし、
効率よく能力を維持し、調子を上向きにする方法を理解しましょう。

調整期の目標
- 能力を維持する
- 調子を上向かせる

調整期で獲得する能力
レースへの不安感の解消

▶▶▶ レース当日から逆算してプログラムを組む

　調整期は、日数にして10～14日ほどです。体への負担を考慮し、追い込むトレーニングはほとんど行いません。能力アップを図るよりも、コンディションを整え、心身ともにリフレッシュした最高の状態でレース本番を迎えたほうが、よい結果を出せるからです。したがって、調整期のトレーニングはレース日から逆算して計画を立て、忠実にこなしていくことが求められます。

　ただし、注意しなければいけないのは、トレーニング日数を減らさないということです。体を動かさない日を増やすだけでは、疲労回復は促進されません。むしろ軽い運動をすることで、血流がよくなり、効果的に疲労を抜くことができます。したがって、トレーニング日数はなるべく維持し、1回のトレーニングにかける時間を減らすことで、コンディションを調整します。

☑ メニューチェック　調整期におけるラントレーニングのポイントを確認しましょう

☐ ウォーキング （48ページ）
姿勢よく歩くトレーニング。

☐ ジョギング （50ページ）
ゆっくりと走るトレーニング

実施例　週2～3回／1日10～50分程度

ポイント　コンディション調整が主な目的。体を動かし、血流をよくして疲労回復を促す。

☐ ウインドスプリント （54ページ）
80%の力で気持ちよく走るトレーニング

実施例　週2～3回／1日3本程度

ポイント　コンディション調整やリフレッシュが目的。快調に走って、体に刺激を入れる。

☐ インターバル走 （114ページ）
疾走とジョグを繰り返すトレーニング

実施例　レース7日前／1km×3～7本程度

ポイント　1kmを走り、200mをジョグすることを繰り返す。カーボローディングのため、体内のグリコーゲンを消費させることが目的。

[完走目標]　30分ジョギング+ウィンドスプリント3本
　　　　　　※インターバル走は必要なし
[ビギナー]　5分50秒～6分00秒/km（3本）
[サブ4]　　 5分00秒/km（5本）
[サブ3]　　 3分45秒/km（7本）

☐ ペース走 （52ページ）
一定のペースで一定の距離を走るトレーニング

実施例　レース10日前／10～15km走

ポイント　レース10日前には能力確認として、レース3～4日前には最終調整としてそれぞれ行う。どちらも能力アップのためではないので、追い込みすぎてはいけない。

[完走目標]　ペース設定なし（完走）
[ビギナー]　6分20秒～6分40秒/km
[サブ4]　　 5分30秒～5分50秒/km
[サブ3]　　 4分10秒～4分20秒/km

実施例　レース3～4日前／5km走

[完走目標]　7分30秒/km程度
[ビギナー]　6分30秒/km程度
[サブ4]　　 5分30秒/km程度
[サブ3]　　 4分00秒～4分10秒/km程度

☐ ビルドアップ走 （90ページ）
段階的にペースアップするトレーニング

実施例　レース10日前／5～8km走

ポイント　疲労度が高いと感じたら、レース10日前のペース走は、ビルドアップ走に切り替えてもよい。能力の確認という目的は同じ。

[完走目標]　7分30秒/km→7分00秒/km（3km）
[ビギナー]　6分30秒/km→6分20秒/km
[サブ4]　　 5分30秒/km→5分20秒/km
[サブ3]　　 4分00秒/km→3分50秒/km

レベル別到達度チェック　→次の内容がクリアできたらレースに進もう！

完走目標／ビギナー／サブ4／サブ3

→ 10～14日間の調整を行い、心身ともにコンディションをベストの状態に整えてレース当日を迎えよう！

食事、栄養の基礎知識③

レース本番に向けて
エネルギーを蓄える

レース本番に向けた調整は、トレーニングだけにとどまりません。
食事面からも最後の調整を行って、レースで好結果を手に入れましょう!

▶▶▶ レース3日前から炭水化物を多く摂取する

　調整期はトレーニングだけでなく、食事についても最後の調整をします。ポイントは、「レース当日までに、いかに多くのグリコーゲンを体に蓄えるか」という点です。グリコーゲンとはエネルギーの源になる分子のことで、貯蔵量が多ければ多いほど長時間に渡って運動を継続することができます。

　調整期でグリコーゲンを蓄えるには、カーボローディングという食事法が有効です。これは一度グリコーゲンを枯渇させることで、通常よりも多くのグリコーゲンを体に蓄えられるようにする方法です。ただし、完全に食事を管理するのは難しいかもしれません。そこで、枯渇させる段階は省き、とにかくご飯やパスタなどの炭水化物を多く摂取することを実践してみましょう。体内にしっかりグリコーゲンを蓄えていれば、マラソンを走るのに十分なエネルギーを得ることができます。

Runner's Check! カーボローディングの方法を知る

カーボローディングとは、炭水化物の摂取を一時的にストップすることで体内のグリコーゲンを枯渇させ、吸収力を高める方法です。
レースに向けた食事方法として有効なので、ぜひ実践してみましょう。

前半

①レース7〜3日前： 肉や野菜を中心とした食事にし、炭水化物は摂取しない

体内のグリコーゲンを枯渇させるため、炭水化物を摂取しない。栄養は肉や野菜から摂取する。並行して負荷の高いトレーニングを行って、グリコーゲンを使い果たす。

> 力が入らない、頭が真っ白になるなどの症状が出るケースもあるため、市民ランナーはやりすぎに注意が必要。

後半

②レース3日前〜前日： 炭水化物中心の食事に切り替える

レース3日前からは、炭水化物中心の食事に切り替える。グリコーゲンが枯渇したため、吸収力はアップしている。そのため、通常よりも多くのグリコーゲンを体に蓄えられる。

> ここからでもOK。トレーニングは体をほぐす程度にし、グリコーゲンを消費しないようにする。

レース当日

ココが大事！ レース前日も炭水化物を多く摂る

レース前日も、基本的にはバランスよく食べることが大切です。なかでも、とくに炭水化物をしっかり摂取してください。また、生ものなどはあたってしまうことを考え、食べないほうがよいでしょう。揚げ物（から揚げやトンカツなど）や脂身の多いステーキなどは、胃もたれの原因になるため避けてください。もちろん、レース前日はアルコールを控えたほうがよいでしょう。

練習プログラムの組み方

練習プログラム 完走目標モデル（調整期）

ねらい 完走目標向けのプログラムは、もともとトレーニング量がそれほど多くありません。調整期でも量は大きく変わりませんが、調整の練習と捉えてレースに向けたコンディションづくりに挑戦してみましょう。

	月	火	水
第1週	休養	●ジョギング 30分 ●ウインドスプリント 3本	休養
第2週	休養	●ジョギング 30分 ●ウインドスプリント 3本	●ジョギング 2km ●ペース走 4km 設定ペース：7分30秒/km

●疲労が大きい場合

	月	火	水
第1週	休養	●ジョギング 30分	休養
第2週	休養	●ジョギング 30分	休養

□ 色のマス＝つなぎの練習　　■ 色のマス＝ポイント練習

▶▶▶ 体力が落ちないように注意しつつ疲労を抜く

　準備期から実践期まで、完走目標向けプログラムは、それほどトレーニング量が多くありません。そのため、調整期にいきなりトレーニング量が減ることもありません。ですが、どのレベルのランナーにとってもレースを最高のコンディションで迎えるための調整は必要です。そこで、能力を維持しつつ、疲労を抜く意識で調整をしていきましょう。

　具体的には1回あたりのトレーニング時間は減らしつつ、週3〜4回のトレーニングを継続して、培ってきた基礎体力が落ちないように注意します。また、完走目標レベルであれば、本格的なカーボローディング（146ページ）は必要ありません。レース本番3日前から炭水化物を多く食べるようにして、グリコーゲンを体に蓄えておくようにしましょう。

アレンジ 1 体重増に注意しながらトレーニング量を調節

練習量が少なくなると、体重が増える可能性があります。運動量と食事量のバランスを考える必要もありますが、それだけでなく運動量をカバーするためにウォーキングを取り入れ、疲労をためずに動く工夫をしてみましょう。

アレンジ 2 練習量やタイムにこだわらない

コンディションを整える時期ですので、練習メニューやタイムにこだわりすぎないようにしましょう。最後の週の水曜日は、ビルドアップ走ではなく、ペース走に変えてもかまいません。コンディションをよくすることが大切です。

木	金	土	日
●ビルドアップ走 40分（残り10分ペースアップ）	休養	●ジョギング 30分 ●ウインドスプリント 3本	●ジョギング 40〜50分
休養	●ジョギング 30分	休養	レース当日

木	金	土	日
●ビルドアップ走 40分（残り10分ペースアップ）	休養	●ジョギング 30分 ●ウインドスプリント 3本	休養
●ジョギング 30分 ●ウインドスプリント 3本	休養	●ウォーキング 15〜30分	レース当日

10〜14日間の調整を終えたら　レース本番！ ➡

ココが大事！ これまでのトレーニングを信じて体調を整えることに集中する

もう調整期まで来たら、あわてても仕方ありません。焦ってトレーニングしても疲労ばかりがたまって逆効果ですので、レース本番まで体調を整えることに集中してください。脚の疲労回復を最優先するなかで、できるかぎりトレーニングをしましょう。

また、レース3日前を目安に炭水化物（ご飯、パスタなど）を多く摂り、レース直前にエネルギーを溜めて調整を行ってください。マラソン完走は、もうすぐそこです！

練習プログラムの組み方

ビギナーモデル（調整期）

ねらい レースに向けて、あとはコンディション調整のみというところまできました。たとえプログラムを順調に消化できていなくても、レース10〜14日前からは体調を整えることに集中しましょう。

	月	火	水
第1週	休養	●ジョギング 30分 ●ウインドスプリント 3本	休養
第2週	休養	●ジョギング 30分 ●ウインドスプリント 3本	●ジョギング 2km ●ペース走 5km 設定ペース：6分30秒/km

●疲労が大きい場合

	月	火	水
第1週	休養	●ジョギング 30分 ●ウインドスプリント 3本	休養
第2週	休養	●ジョギング 30分 ●ウインドスプリント 3本	休養

　色のマス＝つなぎの練習　　　色のマス＝ポイント練習

▶▶▶ 軽めのトレーニングでレースに向けて調整する

　ビギナーレベルのランナーもレース10〜14日前からは調整期として、コンディション向上に努めるようにしましょう。

　具体的には週4回、軽めのトレーニングをして体力を維持しつつ、疲労を抜いていきます。調整期のトレーニングは、能力を高めるためのものではなく、体力の低下を防ぐためのものと考え、くれぐれも追い込みすぎないようにしましょう。軽めのジョギング中心のプログラムであれば、疲労がたまることもないため、レース当日をベストの状態で迎えられることができます。

　カーボローディング（146ページ）に興味があるランナーは試してみるのもよいですが、無理に行う必要はありません。レース3日前から炭水化物を多く摂り、グリコーゲンを体に十分蓄えることを意識してください。

アレンジ1 ときには完全休養してリフレッシュしよう

最終週の練習は、水曜日のポイント練習を除き、無理にやる必要はありません。疲れがたまっているようなら、思い切って完全に休んでみるのもよいでしょう。レース当日に、ベストのコンディションでいることが重要です。

アレンジ2 レース当日の朝に少し歩いて体をほぐす

レース当日は体調を整えたり、過度の緊張をほぐす意味で、朝に疲れない程度のウォーキングを行いましょう。体がほぐれると同時に、気持ちに余裕も生まれ、よい結果につながりやすくなります。

木	金	土	日
●ジョギング 2km ●ビルドアップ走 6～8km 設定ペース：6分30秒→6分20秒/km	休養	●ジョギング 30分 ●ウインドスプリント 3本	●インターバル走 1km×3本 設定ペース：6分00秒/km
休養	●ジョギング 20分 ●ウインドスプリント 3本	●ウォーキング 30分	レース当日

木	金	土	日
●ジョギング 2km ●ビルドアップ走 5km 設定ペース：7分00秒→6分45秒/km	休養	●ジョギング 60分	休養
●ジョギング 2km ●ペース走 4km 設定ペース：7分00秒/km	休養	休養	レース当日

10～14日間の調整を終えたら **レース本番！ ➡**

ココが大事！ 目標達成のためにカーボローディングを実践する

マラソンを走るためのエネルギーは、グリコーゲンです。グリコーゲンは、炭水化物から得ることができます。そこで、カーボローディング（147ページ）を利用して、体内により多くのエネルギーを蓄えるようにしましょう。

具体的には、レース1週間前の夜からいったん肉、魚、野菜中心の食生活に変え、レース3日前からはご飯、パスタ、うどうなど炭水化物を多く摂取するようにします。目標達成のためには、食事法が決め手になることもあります。ぜひ、チャレンジしてみましょう。

練習プログラムの組み方

練習プログラム サブ4モデル（調整期）

ねらい 調整期はコンディション調整が目的なので、負荷の高いトレーニングはほとんどありません。適度な運動で体調を維持し、食事や睡眠などにも気を使って、レース本番をベストの状態で迎えましょう。

	月	火	水
第1週	休養	●ジョギング 30分 ●ウインドスプリント 3本	●ジョギング 30分
第2週	休養	●ジョギング 30分 ●ウインドスプリント 3本	●ジョギング 2km ●ペース走 5km 設定ペース： 5分30秒/km

● 疲労が大きい場合

	月	火	水
第1週	休養	●ジョギング 30分 ●ウインドスプリント 3本	●ジョギング 60分
第2週	休養	●ジョギング 30分 ●ウインドスプリント 3本	休養

□ 色のマス＝つなぎの練習　　□ 色のマス＝ポイント練習

▶▶▶ 調整期の焦りはよい結果を生まない

どのレベルのランナーでも、調整期は2週間ほどをとるようにしましょう。ここまできたら能力を高めることよりも、コンディションを調整し、レース当日を最高の状態で迎えることを最優先に考えます。これは完走目標のランナーから、サブ3を目指すランナーまで、あらゆるランナーに共通する目標です。しかし、目標が高ければ高いほど、順調にトレーニングを消化できていないと焦りが生まれやすくなります。実践期まで順調に練習をこなしてきたランナーは心配ありませんが、できていないランナーはレース直前まで走り込んでしまいがちです。これでは疲労を残したまま本番を迎え、よい記録を残すことは困難になります。調整期はあくまでもコンディションを整える時期と割り切り、走り込みは控えて調子を上向かせるように心がけてください。

アレンジ 1　ウインドスプリントは体調次第で行おう

レース前日は、体調を整えることが目的ですので、無理にウインドスプリントを入れなくてもOKです。ただし、疲労が抜けていないと感じる人は、軽めにやることで体調がすっきりする場合もあります。

アレンジ 2　目的を明確にして必要な刺激を入れる

第1週水曜日のペース走は、設定タイムにこだわるのではなく、心肺機能や筋肉に刺激を入れることが目的です。頑張る必要はありません。また、第1週日曜日のインターバル走も、余裕を持って終われるような強度で走りましょう。

木	金	土	日
●ジョギング 2km ●ペース走 8km 設定ペース： 5分30秒〜5分50秒/km	休養	●ジョギング 30分 ●ウインドスプリント 3本	●ジョギング 2km ●インターバル走 1km×5本 ※リカバリー＝200m 設定ペース： 5分00秒/km
●ジョギング 30分	休養	●ジョギング 30分 ●ウインドスプリント 3本	レース当日

木	金	土	日
休養	休養	●ジョギング 30分 ●ウインドスプリント 3本	●ジョギング 2km ●インターバル走 1km×3本 ※リカバリー＝400m 設定ペース： 5分15秒/km
●ジョギング 2km ●ペース走 4km 設定ペース： 5分30秒/km	●ジョギング 30分	休養	レース当日

10〜14日間の調整を終えたら　レース本番！➡

ココが大事！　レース当日の過ごし方も大切です

たとえ調整が順調であっても、最後まで気を抜いてはいけません。レース当日、とくに朝の過ごし方も大切になってきます。

具体的には、レース4〜5時間前に起床し、散歩して体調を確認し、朝食は消化のよい物を摂るようにしましょう。会場までの移動時間もあるので、169ページなどを参考に、スタートまでの行動予定を事前に立てておきましょう。また、ウォームアップのやりすぎにも注意しましょう。スタートする前に、体力を消耗しては意味がありません。

練習プログラムの組み方

練習プログラム サブ3モデル（調整期）

ねらい これまでのトレーニングは、すべてレースで好結果を出すためのものです。調整期は激しいトレーニングを避け、トレーニング、食事、睡眠、すべての面で調子を上げるための工夫をしましょう。

	月	火	水
第1週	休養	●ジョギング 50分 ●ウインドスプリント 3本	●インターバル走 8km+1km ※リカバリー＝400m 設定ペース： 3分50秒～4分00秒/km
第2週	休養	●ジョギング 30分 ●ウインドスプリント 3本	●ペース走 5km 設定ペース： 4分00秒～4分10秒/km

●疲労が大きい場合

	月	火	水
第1週	休養	●ジョギング 40分 ●ウインドスプリント 3本	●インターバル走 （判読不可） ※リカバリー＝400m 設定ペース： 4分15秒→4分00秒/km
第2週	休養	●ジョギング 30分 ●ウインドスプリント 3本	●ペース走 5km 設定ペース： 4分15秒/km ●ウインドスプリント 3本

　色のマス＝つなぎの練習　　色のマス＝ポイント練習

▶▶▶ 最高のコンディションでスタートラインに立つ

　サブ3を目指すランナーにとっても、調整期はコンディションを整えることが1番大切です。練習量が減ることで不安を感じるランナーもいるかもしれませんが、能力の向上は実践期までにきっちりやると割り切って、くれぐれも追い込む練習をしないように気をつけてください。

　また、カーボローディング（146ページ）を実践する場合は、グリコーゲンを完全に枯渇させるためにレース本番の4日前に最後の激しいトレーニングを行います。このトレーニングも能力アップが目的ではないので、エネルギー不足でフラつくなどの症状が出たら、練習を切り上げましょう。サブ3という大きな目標をクリアするためにも、自分の体調をしっかりと把握・管理して、最高のコンディションでスタートラインに立てるようにしましょう。

アレンジ 1 前半はゆっくり入り後半でペースアップ

第1週日曜日のインターバル走は、リスクを減らすためにも、余裕のあるペースでスタートし、後半ペースアップできる練習にしましょう。途中でペースを上げすぎて疲れた場合は、7本にこだわらず、5本程度で切り上げてもOKです。

アレンジ 2 タイムが悪くても気にする必要はない

最終週の水曜日の練習は、グリコーゲンを枯渇させることが目的です。エネルギー不足からタイムが出にくく不安になりがちですが、気にする必要はありません。木曜日以降、炭水化物をとっていくと、元気が出てくるのが実感できるでしょう。

木	金	土	日
●ジョギング 30分	休養	●ジョギング 30～40分 ●ウインドスプリント 3本	●ペース走 7km 設定ペース： 3分40秒～3分50秒/km
●ジョギング 40分	休養	●ジョギング 30分 or ●ウォーキング 30～50分	レース当日

木	金	土	日
●ジョギング 30分	休養	●ジョギング 30分 ●ウインドスプリント 3本	●ペース走 15km 設定ペース： 4分30秒/km
休養	●ジョギング 30分	休養	レース当日

10～14日間の調整を終えたら **レース本番！**➡

ココが大事！ すべての結果はピーキング次第である

レースで最高の走りができるようにすることを、ピーキングといいます。具体的には食事でエネルギーを蓄え、夜更かしや残業を控え、睡眠時間を確保します。

また、カーボローディングでも、ひと工夫も必要です。たとえば、レース1週間前からカーボローディングを開始してエネルギーを使い、レース4日前に残った炭水化物を抜くためのポイント練習を行って、さらに枯渇状態にします。そうすることで、グリコーゲンの吸収力を飛躍的に高められます。

Column About the Marathon

市民ランナーに、マラソンにまつわる生の声を聞いてみました。
川越監督のコメントと合わせて、トレーニングの参考にしましょう。

▶▶▶ Runner's Voice ③
練習時間を確保するにあたって、何か工夫していることはありますか?

- 通勤や帰宅の道のりをランニングして、練習に当てている。
- 練習コースまでの移動をジョギングして、ウォームアップに代えている。
- ムダな残業などをしないように、仕事を効率よく進めるようにしている。
- 朝ランをするために、早寝早起きを心がけている。
- 仕事がある平日のうち、必ず1日は早く帰宅するようにしている。

川越's CHECK!

通 勤・帰宅ランニングは走行距離を稼ぐことができるし、時間を有効に使えるのでよい考えですね。早寝早起きといった規則正しい生活習慣が身についたり、仕事の能率がアップしたりと、ランニングをすることによる相乗効果が生まれているようです。普段お仕事をされている方は、ぜひ参考にしてチャレンジしましょう。

▶▶▶ Runner's Voice ④
マラソンをやっていることで、仕事や私生活のなかで、どのような変化がありましたか?

- 自然とポジティブシンキングができるようになった。
- スポーツを趣味に持つ人と、会話が弾むようになった。
- 仕事でも私生活でも、さまざまなことが効率よく、グズグズせずにできるようになった。
- 鉄分の吸収が妨げられるので、カフェインを摂らないようにする。
- 走ることが気分転換になっている。
- 会社の健康診断で、以前よりもよい評価が出るようになった。
- 大会に出場することで緊張感が生まれ、楽しみができた。
- 年上から年下まで、年齢の離れた友達ができた。

川越's CHECK!

前 向きになったり、健康になったり、交友関係が広がったり、仕事の効率が上がったり、生活にメリハリがついたり……。どれでもランニングを続けることで、自然と得られる効果です。また、カフェインとの付き合い方も、ランナーには大切なこと。カフェインに含まれるタンニンという成分が鉄分の吸収を妨げるので、鉄分を摂るときにはカフェインの摂取は控えましょう。

The Basis & Practice Menu of Marathon

第6章

ベストパフォーマンスを発揮するための
レース攻略の考え方と方法

42.195kmをもっとも速く走る方法は、
一定のペースで走り続けることです。
また、気象条件・トラブルへの対応法を知っておくことで、
もしものときにも慌てずに対処することができるでしょう。
それらのポイントを理解してレースに臨み、目標クリアを目指しましょう!

レース攻略の考え方

目標タイムをクリアするための42.195kmの走り方を知る

これまでトレーニングで培ってきた能力は、
レースで目標タイムをクリアするためのものです。
期待通りの結果を得るために準備をしっかりし、レースプランを立てて臨みましょう。

▶▶▶ 積み重ねてきたものを十分に発揮するために

　レースは、集大成にあたる大切な日です。これまで準備期から調整期まで、トレーニングを積み重ねてきたランナーにとって、きっとワクワクとドキドキが混ざり合う日でしょう。しかし、レースに対する心構えや準備ができていないと、せっかく培ってきた能力を発揮できず、不完全燃焼でレースを終えてしまう可能性があります。
　そこで、本章ではレースに挑むための心構えから具体的な準備、レースプランの立て方、気候やトラブルへの対処法まで、レースにまつわるさまざまなポイントを解説していきます。
　とにかくレース当日は、慌てずに自分の力を信じて走り抜くことが大切です。これから述べるポイントをきちんと理解しておくことが実力を十分に発揮し、期待通りの結果を得るために近道になるでしょう。

Runner's Check! レースを攻略するための3つのポイント

①事前準備をしっかりする

備えあれば憂いなし。もっとも大切なのは、コンディションを整えること。また、天気や気温など気候条件に合わせたウェアの選択、レースコースの下見なども必要になる。

②レースペースを設定する

自分の能力から逆算し、レースペースを決める。これがレースプランの軸になる。ただし、レース中にアクシデントがあった場合は、プランにとらわれすぎず、柔軟に変えること。

③レースを楽しむ気持ちを忘れない

おのおのの目標をクリアするためには、走ることを楽しむ気持ちも大切。移り変わる景色を楽しむ、いつもとは違う緊張感を楽しむなど、自分なりの楽しみを見つけよう。

ココが大事! 自分に合ったレースに出場する

全国各地でさまざまなレースが開催されているため、インターネットなどで調べてみてください。なお、午前中にスタートするレースが多いため、日帰りで参加するなら自宅からの距離が近い大会のほうがよいでしょう。また、制限時間がある大会もあるため、完走目標やビギナーのランナーは制限時間に余裕のあるレースに参加することをオススメします。

事前にコースをチェックし、大会当日をイメージする

レース本番で自分の能力を最大限に発揮するための最初のポイントは、出場するレースのコースを把握しておくことです。実際に走ってみるのが理想ですが、時間がなければ車で回って、ポイントになりそうな場所を見ておくだけでもいいでしょう。

下見をする際に見ておくべきポイントは、コース全体の流れ、坂の有無、給水所・トイレの場所、路面状態の4つです。これらがわかっているだけで精神的な余裕が生まれ、現実的なプランが立てられます。とくにレース初参加のランナーは、コースの全体像がわからない不安感から集中力を欠いてしまうことがよくあるため、コースの下見は必須といえるでしょう。

Close up! 下見時のチェックポイント

コース全体の流れ

どういう場所を走るのかを体感しておく。10km、20km、30kmなど節目となる距離の建物などを確認しておくと、自分のペースを確認する際に役立つ。また、景色のよい場所などを見つけておくと、たどり着くまでの楽しみにもなる。

坂の有無

上り坂、下り坂の有無だけでなく、どの程度の勾配なのかも確認する。大きな勾配はペースに影響をおよぼすので、事前に把握しておく。とくにレース後半の上り坂は知っておかないと、精神的に苦しくなりやすい。

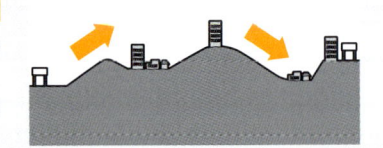

給水所・トイレの場所

給水所は必ず事前に確認すること。5kmごとに設置されていることが多く、1度でも逃すと致命的になる。また、レース中にお腹を下すランナーも多いので、トイレの位置も知っておきたい。それぞれ大会ホームページなどで確認できる。

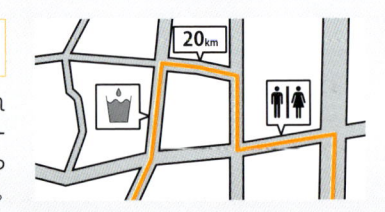

④路面状態

フルマラソンのコースは基本的にアスファルトだが、路面状態を確認しておく。あまりに凸凹していればソールが厚めのシューズを履く、悪路を避けて走るなどの対処法で無駄な体力を使わないで済む。

▶▶▶ 目標ではなく、自分の能力からペースを決める

　目標とするタイムを意識してトレーニングを積み重ね、42.195kmを走るペースを決めるのは決して悪いことではありません。ただし、現在の自分の能力が、設定していた目標タイムに見合ったものとはかぎりません。そこで、とくにレース初参加や経験の少ないランナーは目標からレースペースを決めるのではなく、自分の能力から逆算する方法がオススメです。

　目安は30kmペース走。サブ4を目指しているものの、30kmペース走で5分40秒/kmのペースがキツかったなどの場合は、無理せず6分00秒～6分20秒/km程度のペースに設定し、後半余裕があるようだったらペースを上げてサブ4を目指しましょう。

30kmペース走
=5分40秒/km（サブ4ペース）

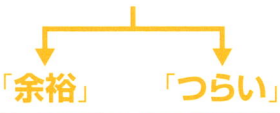

「余裕」 サブ4ペースでOK
30kmペース走を5分40秒/kmのペースで余裕を持って走れたなら、サブ4クリアは現実的になる。

「つらい」 サブ4ペースでNG
30kmペース走を5分40秒/kmのペースでは走れたが、かなりキツかった場合はもう少し遅めに設定する。

Runner's Check! ラップタイムとスプリットタイム

　区間ごと（通常5kmごと）のタイムをラップタイム、累計タイムをスプリットタイムという。理想はスタートからゴールまで同じペースで走り切ること。下記の表などを参考に通過タイムを確認しながら走ることで、よいペースで走れているのか、遅れているのかなどが確認できる。

1km	5km	10km	15km	20km	25km	30km	35km	40km	フルマラソン
0:03:40	0:18:20	0:36:40	0:55:00	1:13:20	1:31:40	1:50:00	2:08:20	2:26:40	2:34:43
0:04:00	0:20:00	0:40:00	1:00:00	1:20:00	1:40:00	2:00:00	2:20:00	2:40:00	2:48:47
0:04:30	0:22:30	0:45:00	1:07:30	1:30:00	1:52:30	2:15:00	2:37:30	3:00:00	3:09:53
0:05:00	0:25:00	0:50:00	1:15:00	1:40:00	2:05:00	2:30:00	2:55:00	3:20:00	3:30:59
0:05:20	0:26:40	0:53:20	1:20:00	1:46:40	2:13:20	2:40:00	3:06:40	3:33:20	3:45:03
0:05:40	0:28:20	0:56:40	1:25:00	1:53:20	2:21:40	2:50:00	3:18:20	3:46:40	3:59:07
0:06:00	0:30:00	1:00:00	1:30:00	2:00:00	2:30:00	3:00:00	3:30:00	4:00:00	4:13:11
0:06:20	0:31:40	1:03:20	1:35:00	2:06:40	2:38:20	3:10:00	3:41:40	4:13:20	4:27:15
0:06:40	0:33:20	1:06:40	1:40:00	2:13:20	2:46:40	3:20:00	3:53:20	4:26:40	4:41:19
0:07:00	0:35:00	1:10:00	1:45:00	2:20:00	2:55:00	3:30:00	4:05:00	4:40:00	4:55:23
0:07:30	0:37:30	1:15:00	1:52:30	2:30:00	3:07:30	3:45:00	4:22:30	5:00:00	5:16:29
0:08:00	0:40:00	1:20:00	2:00:00	2:40:00	3:20:00	4:00:00	4:40:00	5:20:00	5:37:35
0:08:30	0:42:30	1:25:00	2:07:30	2:50:00	3:32:30	4:15:00	4:57:30	5:40:00	5:58:41
0:09:00	0:45:00	1:30:00	2:15:00	3:00:00	3:45:00	4:30:00	5:15:00	6:00:00	6:19:47

レース攻略の考え方／レース前半、後半

▶▶▶ ラップタイムと余力を踏まえて柔軟に対応する

　レースはスタートからゴールまで、イーブンペース（同じペース）で走り抜くことが理想です。そのため、161ページの表を参考に、自分の能力に見合ったペース設定をしましょう。

　ただし、レースがスタートしたらその日の調子によって「ラクだな」、もしくは「ちょっとキツいな」と感じることがあるでしょう。そこで10kmを目安に、その日の調子と相談してペースを変える柔軟性も大切です。

　余裕があるなら少しペースを速めてみる、キツいと感じたら少しペースを遅くするなど、自分なりに調節を加えてください。ただし、ペース調節は少しずつ（1kmあたり10秒ずつなど）が基本です。設定ペースから遅れが生じたからといって、一気にペースを上げて帳尻を合わせようとするのは、想像以上に疲労をためるため、1番やってはいけないことです。

前半　調子を確かめつつ、ゆっくり走る意識を持つ

前半は自分の調子を確かめつつ、「遅い」と感じるくらいゆっくりしたペースでレースに入る。調子がよければ、後半でいくらでもペースを上げられる。

設定ペースよりも遅く、余裕がある
少しペースを上げてもよい。ただし、一気にペースを上げるのは、体に負担がかかるためNG。目安は、1kmで10秒前後のペースアップ。

設定ペースよりも速く、余裕がある
さらにペースを上げてもOK。ただし、早い段階でペースを上げるのは危険もある。10kmを通過しても同じ調子なら、設定ペースを上方修正してタイム短縮を目指す。

スタート　　　　　　　10km　　　　　　　20km

設定ペースよりも遅く、余裕がない
焦ってペースを上げてはダメ。設定ペースを見直し、少し遅めのペースで走る。後半、調子が上がってくるケースもあるため無理をしないこと。

設定ペースよりも速く、余裕がない
余裕がない原因は、少し飛ばしすぎているからだろう。後半、失速する恐れがあるため、1kmで10秒前後を目安に徐々にペースを落としておく。

後半 疲労によるペースダウンに焦らず、最後まで粘る

ペースを変えずに走りたいところだが、後半は疲労からどうしてもペースが落ちやすい。ペースダウンは想定内と考え、強い気持ちで走り切る。

設定ペースよりも遅く、余裕がある

30km以降であれば、ペースを上げて目標タイムを目指す。ただし、確実に疲労もたまっているため、一気にスピードアップするのは危険。

設定ペースよりも速く、余裕がある

35kmを過ぎていれば、さらなる記録アップを目指してペースを上げる。最後の力を振り絞ってラストスパートをかけ、記録更新を目指そう。

20km ─── 30km ─── ゴール

設定ペースよりも遅く、余裕がない

残りの距離にもよるが、キツい場合はペースを落としてもかわまない。35kmを過ぎているなら、ゴールまでペースを落とさず粘りたい。

設定ペースよりも速く、余裕がない

能力以上のペースで走ってきた可能性が高いため、少しペースを落とす。35kmを過ぎていればゴールまで粘りたいが、無理は禁物。

ココが大事! よく聞くけれど 35kmの壁って何？

一般にフルマラソンでは、35kmが「壁」になると考えられています。疲労の蓄積から、突然ペースダウンしてしまうことが多い地点だからです。ただし、私は35kmという地点を、それほど意識すべきではないと考えています。イーブンペースで走ることができれば、ガクッとペースが落ちてしまうことは稀です。むしろ35kmまでくれば、「最後の力を出しきる」というメンタル面でのカバーも期待できます。そのため、35kmという距離をあまり意識せず、通過点の1つぐらいの軽い気持ちで考えるとよいでしょう。

レース攻略の考え方／水分補給、トラブル対策

▶▶▶ 給水所で水分を補給し、熱中症や脱水症状を防ぐ

レース中に1番注意すべきは、脱水症状や熱中症です。これらの症状に陥らないためには、水分を補給することがもっとも効果的です。「喉が渇いた」と感じたときは、脱水症状が始まっていると言われています。とくに前半のうちは「喉が渇いた」と感じない場合もありますが、意識して必ず給水所で水分を摂るようにしましょう。

給水所では、少しスピードを落として確実に給水できるように工夫することが大切です。完走が目標の場合は、いったん止まってもかまわないので落ち着いて給水しましょう。

「体に水をかける」

夏の暑い日などはもちろん、春や秋でも気温によっては走っている間に体が熱くなることがあります。こういったケースでは体に水をかけるのも有効です。熱くなった筋肉を冷やすことで、疲労を緩和することができてリフレッシュになるため、ぜひ実践してみましょう。

Close up! スペシャルドリンクで十分な補給を！

粉末のスポーツドリンクを使って、水で粉末をとく量によって濃度を調節したもの。疲労度に応じて、的確な水分補給ができる。

前半：水、もしくは薄めのスペシャルドリンクで水分補給する

後半：スポーツドリンク、もしくは濃いめのスペシャルドリンクで水分補給する

スタート ─────── 20km ─────── ゴール

ココが大事! ビギナーはボトルやアメなどを携帯して走る

完走目標やビギナーのランナーは、水が入ったボトルを携帯して走ってもよいでしょう。いつでも給水ができるため脱水症状や熱中症のリスクを軽減できます。また、エネルギーになりやすいアメやチョコレートなどを携帯してもよいでしょう。

Runner's Check! もし、体に異変を感じたらどうする？

レースでは、思わぬトラブルが起こることもある。
練習とは違う環境で緊張することもあり、決して珍しいことではないので
対処方法を把握しておきたい。

①腹痛

多少、痛む程度の場合は患部を手で押して圧迫することで痛みを軽減できる。我慢できないほど痛みが強い場合は少し歩く、いったん止まって深呼吸する、腰を反ってお腹を伸ばすなどの方法で対処するとよい。

②けいれん

けいれんした部分をストレッチで軽く伸ばす、手で揉むなどの方法で痛みを緩和させる。寒い日は、とくにふくらはぎや太ももがけいれんしやすいため、ウォームアップでしっかり温めておくこと。

③マメ

どうしても我慢できない場合、ばんそうこうを貼って処置する。基本的には事前の予防が大切。指の付け根近の親指側はマメができやすいため、ワセリンを塗っておくとよい。

レース攻略の考え方／気象条件への対応

▶▶▶ さまざまな気象条件への対処法を知る

　レース当日が必ずしも走りやすい天気だとは限りません。思いのほか暑い、あるいは反対に極端に寒いなど、自分にとって理想の天気と異なる場合も少なくありません。そこで、どのような気象条件であっても力を出せるように、天候への対応方法を覚えておきましょう。

　暑い日のポイントは、こまめに水分補給することと汗が乾きやすいウェアを選ぶこと。汗でウェアが重たくなると、思わぬ負担に感じる場合があります。また、帽子やサングラスで直射日光を避ける工夫も必要です。

　一方、寒い日は体温が逃げないように、長袖のウェアを着て、手袋などを着用しましょう。体温が下がると体力を奪われるだけでなく、ケガのリスクも高まるためです。

暑い日　通気性のよいウェアで快適に走る

　走りやすい気温は、10〜15℃とされています。しかし、開催時期によっては30℃以上の気温のなかを走ることもあります。そこで暑い日は通気性のよいウェアや、速乾性の高い（すぐ乾く）ウェアを着るなどの対策をとりましょう。色は太陽熱を吸収しにくいように白を選びます。また、日差しが強い場合はキャップやサングラスで直接、顔や目に日差しを受けないような工夫も必要です。もちろん、こまめな水分補給で熱中症や脱水症状を回避することも大切です。

ウェア選びのポイント
① 通気性のよいウェアを着る
② 汗が乾きやすいウェアを着る
③ 熱を吸収しにくい白いウェアを着る
④ キャップをかぶる
⑤ サングラスをつける

ココが大事！　自分の特徴・体調に応じてレースプランを変える

　どんなに優れたランナーでも、天候には逆らえません。暑い日はゆっくりしたペースでスタートする、風の強い日は集団のなかに入って風を避けるなどの対応が必要です。ただし、暑い日のほうが調子がよいというランナーもいます。そういった自分の特徴をトレーニング時から理解しておけば、実際のレースでも特徴を生かしたレース運びが可能になります。

寒い日　体温が逃げないように長袖、手袋を着用する

　気温の低い日に、いきなり速く走るとケガのリスクが高まります。また、体が温まりにくいため、スピードが出にくいことも考えられます。そこでウェアは長袖のものを選び、体温を逃がさないように工夫します。手袋をするのも有効でしょう。また、レース前のウォームアップを強めにして、体を温めておく方法もあります。

ウェア選びのポイント
① 長袖のウェアを着る
② 手袋をつける
③ タイツなどアンダーウェアを着る

雨の日　体温が下がることで体力が奪われる

　長時間、雨に当たりつづけると体の熱が奪われ、体力を消耗します。そこでレース前に足や腕にワセリンを塗っておき、少しでも雨を弾くような対策を講じましょう。また、雨が目に入ると集中力を欠いてしまうことがあります。そこでキャップを被るなどして目を保護しましょう。

強風の日　集団のなかで風を受けないようにする

　風の強い日、とくに向かい風のレースでは、パワーを使ってしまい、体力を大きくロスします。そこでなるべく集団のなかで走り、直接風を体に受けないように工夫すると、スタミナのロスを最小限にとどめることができます。

レース当日の対策

レース当日の流れを把握して万全の準備を整える

レース当日は誰でも緊張するもの。
しかし、レース初参加の場合はさまざまなことに動揺してしまうケースもあります。
当日の動きを把握しておくことで、平常心でレースに臨むことができます。

レース前・当日の心得

① 緊張するのは悪いことではない。
　 むしろよい緊張感を持って前日、当日を過ごす。
② 慌てるようなスケジュールを組まない。
　 余裕を持って行動することを目指す。
③ ウェアなどの荷物は、前日までに用意する。
　 当日用意すると、慌てて忘れ物につながる。

▶▶▶ 朝からのタイムスケジュールをチェックする

　レースが近づくと、誰でも緊張します。ほどよい緊張は好結果に結びつくこともあるため、緊張＝悪いと考える必要はありません。

　また、レースに初めて参加する人にとっては、レース当日にどのようなタイムスケジュールで動けばよいのかがわからない場合もあるでしょう。慣れてくれば自分流の過ごし方でかまいませんが、最初のうちは169ページのようなタイムスケジュールを参考にしましょう。必ずしもこのとおりに動く必要はありませんが、基本の流れとして参考にできるはずです。

　とにかく大切なのは慌てないこと。必要なことを1つずつ確認し、時間に余裕を持って準備します。とくに睡眠時間、会場到着の時間などに余裕を持っておくと、レース本番も平常心で挑むことができます。

Runner's Check! レース当日のタイムスケジュールを把握する

だいたいの流れをつかんでおくと、動揺することなくスタートを迎えられる。
基本的な流れを確認し、レース準備の参考にしよう。

① 睡眠

睡眠時間の目安は、7〜8時間。仕事などで忙しい場合も、6時間以上は確保する。

② 起床

起床は、遅くともレーススタートの4時間前。起床後、散歩などの軽い運動ができると、なおよい。

③ 朝食

朝食は消化のよいものを食べる。炭水化物を摂取し、油ものなどは避ける（170ページ参照）。

④ 会場入り

＜受付＞
1番最初に受付を済ませ、ゼッケンを受け取る。

＜スタート地点を確認＞
スタート地点は目標タイム別になっている場合が多く、初心者は後ろになる。

＜トイレの場所を確認＞
かなり混雑するので、早めに場所を確認しておく。一般ランナーは、スタート時点で長時間待つことも多いため、済ませるタイミングも重要になる。

会場到着は、1時間半前までに。車は渋滞などの心配があるので、電車など到着時間が確実に読める交通手段を利用するのが好ましい。会場に着いたら、まずは会場全体を把握する。左の3箇所は、すぐに確認すること。

⑤ 栄養補給

バナナやチョコレートなど、エネルギーになりやすいものを摂取する。お腹にたまるようなものは避ける。

⑥ ウォームアップ

ウォームアップは、20分以上かけて入念に行う。汗対策としてレースウェア以外でするとよい。

⑦ レースウェアに着替える

更衣室などを利用し、レースウェアに着替える。ウェアは天候・気温に合わせて選ぶ。

⑧ スタート地点に並ぶ

事前に確認しておいたスタート地点に並ぶ。寒い日などは体を冷やさないように注意する。

⑨ スタート

スタート直後は密集しているため転倒などに注意し、流れに乗ってスタートする。

レース当日の対策／当日の食事、ウォームアップ

食事

▶▶▶ 「食べ慣れた」「消化のよい」「炭水化物を多めに」

　レース当日の食事は、スタートの3時間前までに済ませておきます。スタートが午前中の場合は朝食が最後の食事に、午後の場合は昼食が最後の食事になりますが、基本的な考え方は同じです。

　まず、大切なのが食べ慣れたものを食べること。いつも食べている献立を中心に構成しましょう。ただし、油ものなどは避けたほうが無難です。消化のよいものを食べることで、効率よくエネルギーへと変換し、体を動かす原動力となります。

　また、同じ理由から炭水化物を多めに摂ることも大切です。フルマラソンを最後まで走り切るための燃料を、しっかり摂取しておきましょう。

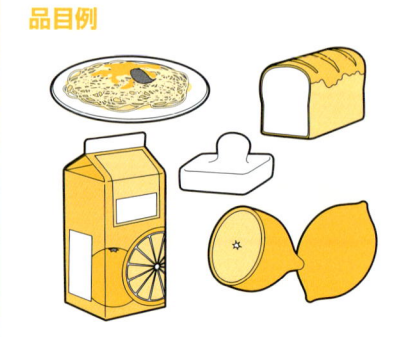

品目例

- 炭水化物：ご飯、パスタ、パン、お餅 など
- ビタミンC：100%果汁のオレンジジュース、レモン など

ウォームアップ

▶▶▶ 目標や天候に応じて調節する

　目標タイムや身体の特徴によって、適切なウォームアップが違うため、ここでは基本的な考え方を紹介します。

　まず、レベルによって2つの考え方があります。より高いレベル（サブ4、サブ3）を目指すランナーは多めの時間をかけます。一方、完走目標やビギナーのランナーは軽めにし、最初の5kmをゆっくり走ってアップの1部分と考えます。

　次に、当日の天候に応じて調整が必要になります。暑い日は軽めにして体力の消耗を避け、反対に寒い日は入念に行って体を温めます。

　なお、ウォームアップのなかで、調子の良し悪しも確認しましょう。体が重たいと感じた場合は、ウインドスプリントを2～3本行い、体に刺激を入れてもよいでしょう。

レベルに応じて調節する

大きくサブ4・サブ3と、完走目標・ビギナーの2つに分けて考える。

気候・体調に応じて調節する

暑い・寒い、体が軽い・体が重いなどの基準で考え、調節する。

Runner's Check! レベルに応じて調節する

①サブ4・サブ3の場合

サブ4やサブ3を目指す場合、最初からレースペースを維持できるように入念に行いましょう。ストレッチから開始し、ウォーキング、ジョギング、ウインドスプリントまで、20〜30分ほどかけて行います。

[ストレッチ]	10分程度
[ウォーキング]	5分程度
[ジョギング]	15分程度
[ウインドスプリント]	100m×3本程度

②完走目標・ビギナーの場合

完走目標やビギナーは、あまり追い込むと体力を消耗してしまうため、軽めに済ませてもかまいません。ストレッチとウォーキングを中心に10〜20分ほど行い、余裕があったらジョギングを取り入れましょう。

[ストレッチ]	10分程度
[ウォーキング]	10分程度

Runner's Check! 気候・体調に応じて調節する

①暑い日の場合

暑い日は自然に体が温まるため、基本メニューより軽めにしてもOKです。時間をかけると体力も消耗するため、短時間で密度の濃いウォームアップを心掛けましょう。

②寒い日の場合

気温の低い日は体が温まりにくいため、時間をかけてじっくり行うことをオススメします。ジョギングなどを取り入れて体を芯から温め、心拍数を上げてレースに挑むと、スタートからしっかり走ることができます。

③体調がよいとき

体調がよいときは、体が動くからとやりすぎないことが大切です。落ち着いていつも通りのウォームアップを行って、レースに挑みましょう。

④体調がわるいとき

体調がわるいとき、とくに体が重たく感じるときはウインドスプリントを取り入れ、体に刺激を入れます。気分がリフレッシュする効果も期待できるため、有効です。

レース当日の対策／持ち物、便利なグッズ

Runner's Check! ## レース当日の持ち物を確認する

レース前後やレース中に使うもの、あるいは使えそうなものは基本的に持参する。ここでは「必ず持っていくもの」、「季節や天候に応じて持参するもの」、「あると便利なもの」、の3つに分けて紹介する。

①必ず持っていくもの

☐ 大会要項

当日の受付場所や流れなどを知らないと、会場で右往左往するハメになりかねない。必ず持参すること。

☐ ゼッケン引換証

レースで付けるゼッケンを受け取るための引換証は必須。大会によってはない場合もある。

☐ アップ用シューズ&ウェア

普段、トレーニングで使用しているものでOK。季節によっては、ウォームアップで汗をかく場合もあるため、レース用とは分けて用意したい。

☐ レース用シューズ&ウェア

シューズは新品ではなく、数回は履いたものを用意する。トレーニングと同じでもかまわないが、ソールが磨り減っていて快適に走れないこともある。同様にウェアも、レース当日に予想される天候を考慮して用意する。

☐ 安全ピン

ウェアにゼッケンを取り付けるためのもの。ピンがセットになったゼッケンもあるが、念のため持参する。

☐ タオル（大小）

ウォームアップ後、レース後などの汗を拭くために不可欠。また、転倒して切り傷を負った場合の応急処置としても使える。

☐ 腕時計

ラップタイムやスプリットタイムを計るために、ランニングウォッチをつけて走るとよい。

②季節・天候に応じて持っていくもの

☐ キャップ

日差しの強い日、雨の日などで、太陽や雨から顔を守るために必要。

☐ 日焼け止め

夏場のレースでは強い日差しのなか、数時間も走り続けるため、日焼けの防止策として持っていきたい。

☐ サングラス

日差しの強い日に、目を守るために使うとよい。

☐ 手袋

体温を保つために効果的。冬の寒い日では、ぜひ着けて走りたい。

☐ ウインドブレーカー

雨を弾くウインドブレーカーは梅雨時期をはじめ、雨の日や寒い日に有効なアイテム。

③あると便利なグッズ

☐ ウエストポーチ

栄養補給食や小物、小銭を入れておけるウエストポーチは、両手を空けて走れるためとても便利。

☐ 雨ガッパ

雨天のレースでは体を冷やさないように、雨ガッパを用意する。

☐ ばんそうこう

すり傷やマメなどの応急処置に使えるため、ウエストポーチに入れておきたい。

☐ コールドスプレー

レース後のケアとして、筋肉を冷やすために使用。打撲などの応急処置にも使える。

☐ ティッシュ

何にでも使える。レース中のトイレで使用することもできる。

☐ 粉末タイプのスポーツドリンク

レース前やレース中の水分補給に便利。粉末をとく水の量で濃度を調節できる。

☐ 栄養補給食

すぐエネルギーに変わるバナナ、アメ、チョコレートなどの補給食はぜひ持参し、レース直前やレース中に食べよう。

☐ デジタルカメラ

記録を重視しない場合は、記念撮影のためにカメラを持っていくのもアリ。楽しみながら走ることができる。

ココが大事！ ウエストポーチをつけて走る

市民レースでは、基本的にウエストポーチをつけて走っても問題ありません。栄養補給食やばんそうこう、小銭（いざというときに飲み物などを買うため）などを入れておくことで安心して走ることができます。ただし、必要なものだけを入れるようにしましょう。

レース後の考え方

レース後は体をケアして
次のレースに向かう

全力を尽くして42.195kmを完走すれば、体には大きな疲労がたまります。
そのため、クールダウンや回復のための食事をして、
きちんと休養をとり、心身ともにリフレッシュしましょう。

レース後のポイント
①ゴール後、すぐに止まらずクールダウンする
②関節や筋肉などをアイシングで冷やす
③バランスのよい食事を小まめに摂る
④1週間の休養をとり、心身ともにリフレッシュする

▶▶▶ 十分なケアと休養で体力を回復させる

　どのレベルのランナーも、レース後の過ごし方は基本的に同じです。レース直後はすぐに座りたい気持ちはわかりますが、なるべく早くクールダウンをしましょう。関節や筋肉などは熱をとって炎症を抑えるためのアイシングを行い、炭水化物やタンパク質などを含んだ食事で回復することが大切です。

　なお、内臓が弱っていることが想定されるため、一度にたくさんのものを食べるのではなく、小分けにして食べるとよいでしょう。翌日から1週間程度は完全休養をとり、心身ともにリフレッシュさせます。

　トレーニングを継続してきた人にとっては休むことへの不安があるかもしれませんが、疲弊した肉体を癒すために休養をとることが大切です。もう体に不調がないと感じたら、次のレースに向けたトレーニングを始めてもOKです。

Runner's Check! ゴールから次のレースまでの流れ

マラソン完走で負ったダメージを回復するためには、
ゴール後の過ごし方がとても大切になる。
トレーニング再開までの考え方を理解しよう。

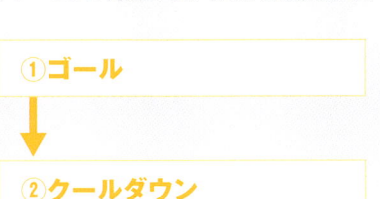

①ゴール

②クールダウン

ゴールしたら、すぐに立ち止まらずジョギングとストレッチを行い、徐々に体を冷ましていくのが理想。疲労が大きい場合は、ウォーキングでもかまわない。また、熱を持った関節や筋肉はアイシングで冷やして、炎症を起こすのを防ぐ。

③レース後の食事

エネルギー補給と壊れた細胞の回復が大事。炭水化物、タンパク質、大量の汗をかいたことで失われたミネラルなどを補給するための食事を摂る。弱った内臓を労わるように、小分けにして食べるのが理想。同じ理由から、消化のよいバナナやヨーグルトもオススメだ。

④1週間の休養

これはレベルを問わず、トレーニングを再開するまで、少なくとも1週間の休養をとること。疲弊した心身を休め、しっかりリフレッシュする。

⑤トレーニング再開

次のレースに向けたトレーニングでは、本書でいう準備期（消耗が軽い場合は走り込み期①まで）を省略してもよい。より実践的なトレーニングを充実させ、記録のさらなる更新を目指す。

⑥次のレース

ココが大事! アイシングすべき箇所を知る

アイシングをするのは酷使した筋肉や関節です。足の裏や足首、ふくらはぎ、ヒザ、太もも（前後面）、股関節などを中心に熱をとります。アイシングを怠ると、熱を持った患部が痛むなどの症状（炎症）が出たり、筋肉が硬くなってケガをしやすくなるため、必ず行いましょう。

Column About the Marathon

市民ランナーに、マラソンにまつわる生の声を聞いてみました。
川越監督のコメントと合わせて、トレーニングの参考にしましょう!

▶▶▶ **Runner's Voice⑤**

マラソンを続けるにあたって、どのようにモチベーションを保っていますか?

- ランニング教室や大会で仲間と会い、会話をすることを楽しみにしている。
- 東京マラソンや海外レースに参加するなど、目標レースを定める。
- 「人に勝ちたい!」という強い気持ちを常に持つ。
- 自然に走りたくなっているので、とくにしていることはない。
- ランニング教室に参加することを楽しみにしているので、ケガや病気にならないように気をつけている。
- 記録更新を目標する。
- トップアスリートや実業団の選手など、レベルの高い人の走りを見て、刺激を受ける。
- 練習後や大会後に食べる美味しい食事を楽しみにする。
- シューズやランニンググッズなどを購入する。買うと、すぐに装着して走りたくなるので。
- レースで気持ちよく走っている自分をイメージする。
- 半年先のレースにエントリーして、6ヵ月サイクルが普通になるように生活している。
- 少しずつ目標記録の設定を上げる。
- ブログなどを通じて、ラン友(ランニング友達)と情報交換し、刺激にしている。

川越's CHECK!

目標レースがあるほうが、モチベーションアップにつながります。ぜひ、自分なりにトレーニング計画を立て、継続してください。同じ理由から記録更新を目標にすることも有効ですが、設定した目標タイムに縛られすぎないことが大切です。現状を把握し、場合によっては勇気を持って下方修正することが、長期的にレベルアップするためのポイントです。

シューズやグッズに興味を持つことも大事。まずは、形から! また、興味があれば、ぜひトップアスリートの走りも観てみましょう。イメージトレーニングにもなりますよ。頑張る理由は1つではありません。みなさんには、ぜひさまざまな楽しみ方を見つけて、自分のペースで長くマラソンを続けていってほしいです。

The Basis & Practice Menu of Marathon

第7章

ストレッチ&補強トレーニング

<本章の使い方>

メニュー① 静的ストレッチ →178〜183ページ

ウォームアップ、クールダウン、左右差調整の3つの目的で使えるストレッチメニューです。下のマークを参考にストレッチしましょう。

- **アップ** ……ウォームアップで有効なストレッチ
- **ダウン** ……クールダウンで有効なストレッチ
- **調整** ……左右差調整で有効なストレッチ

メニュー② 動的ストレッチ →184〜189ページ

ウォームアップ、クールダウンの2つの目的で使えるストレッチメニューです。筋肉の伸縮を意識して、リズムよく行いましょう。

メニュー③ ランニングドリル →190〜193ページ

ウォームアップやフォームづくりに有効なドリルメニューです。ドリルのポイント(84ページ)を必ず意識して行いましょう。

メニュー④ 補強トレーニング →194〜205ページ

42.195kmを走破する上で、必要な筋力を向上させるための補強メニューです。鍛える目的、前後左右のバランス、鍛える方法を理解して(56〜63ページ)、自分に必要な筋力を養いましょう。

ストレッチ

柔軟メニュー 静的（スタティック）ストレッチ

ねらい 静止した状態で行うストレッチです。筋肉を温める、関節の可動域を広げるなどの効果が期待できます。本書で紹介するストレッチは、少しずつ姿勢を変えることで、一連動作として行うことができます。

1 ふくらはぎ①★
部位等 下腿部（腓腹筋）
`ダウン` `調整`
①つま先とヒザの向きを揃え、前後に開脚。②かかとをつけたまま後ろ脚のヒザを伸ばし、ふくらはぎを伸ばす。

2 アキレス腱①
部位等 下腿部（ヒラメ筋）
`ダウン` `調整`
①開いた脚を狭くし、腰を少し落とす。②上体を前傾させ、ふくらはぎの下部を伸ばす。

3 アキレス腱②★
部位等 下腿部（アキレス腱）
`アップ` `ダウン` `調整`
①片方の脚を前にしてしゃがみ込む。②かかとを浮かせず、ヒザを前に倒すように押す。

4 ふくらはぎ②
部位等 下腿部（ヒラメ筋）
`アップ`
①脚を前後に開き、つま先を上げる。②前脚のヒザを軽く曲げて、ふくらはぎを伸ばす。

やり方

①伸ばす部位を意識する。
②呼吸を止めない。
③痛いところまで伸ばさない。
④伸ばしたところで20秒静止。
⑤左右で同様に伸ばす。

★印=時間がないときにも必ずやる

One Point! アドバイス

イスに座ると伸ばしやすい

7の太もも（内側）①のストレッチを行う際、立ったままだと姿勢が安定しない場合は、イスに座って行いましょう。伸ばす部分だけに意識を集中できます。

---

5 太もも（後面）①★

部位等 大腿部（ハムストリングス）
アップ

①前後に開脚し、つま先を上げる。
②前脚のヒザを伸ばしたまま、上体を前傾させる。背中を丸めないように。

6 太もも（後面）②

部位等 大腿部（ハムストリングス）
ダウン **調整**

①片方の足を前に出し、つま先を上げてヒザを伸ばす。②背中を伸ばしたまま、上体を前傾させる。

7 太もも（内側）①★

部位等 大腿部（内転筋群）
アップ **ダウン** **調整**

①両足を開いてヒザを曲げ、両手をヒザにおく。②両ヒザを引き離すように手で押し広げる。

8 太もも（内側）②

部位等 大腿部（内転筋群）
調整

①地面に座り、足の裏を合わせて、両手で足を持つ。②かかとを自分の体に近づけるように引きつける。

179

One Point! アドバイス
体が硬い場合は上体を前傾させる

8の太もも（内側）②のストレッチを行うときに、体が硬くて上手にストレッチがかからない場合は、上体を前傾させてみましょう。骨盤を前傾させると、ストレッチしやすくなります。

OK

10 太もも（前面）②
部位等 大腿部（大腿四頭筋）
調整
①横になって片方のヒザを曲げる。
②同側の手で足首を持ってお尻に引きつける。

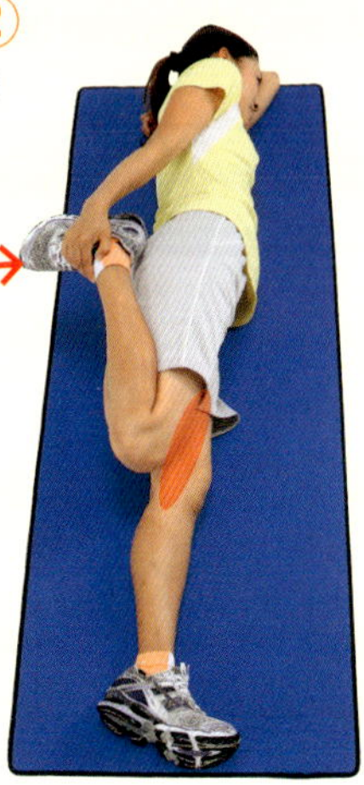

9 太もも（前面）①
部位等 大腿部（大腿四頭筋）
アップ
①片方の脚を後ろにし、ヒザを地面につく。②同側の手で足を持ち、かかとをお尻に引きつける。

12 股関節（前面）★
部位等 股関節（腸腰筋）
アップ **ダウン** **調整**
①前後に大きく開脚し、上体はまっすぐ立てる。②後ろ脚の付け根を後ろに伸ばすイメージで。

11 太もも（前面）③★
部位等 大腿部（大腿四頭筋）
アップ **ダウン**
①片方のヒザを曲げ、同側の手で持って立つ。
②かかとをお尻に引きつけて伸ばす。

One Point! アドバイス
タオルを使うとストレッチしやすい

10の太もも（前面）②のストレッチをする際、体が硬くて足を持てない場合はタオルを使いましょう。大切なのは必要な筋肉を、しっかりとストレッチすることです。

OK

13 お尻（後面）★
部位等 股関節（大殿筋）

アップ / ダウン / 調整

①片方のヒザを曲げ、反対側の脚を乗せる。②伸ばす脚のスネと地面が並行になる姿勢を維持する。

14 お尻（側面）
部位等 股関節（梨状筋）

アップ / ダウン / 調整

①片方のヒザを曲げ、足を外側へ。②反対の足でヒザを押さえてから、お尻を床に近づける。

15 腰まわり①★
部位等 腰背部（脊柱起立筋）

ダウン / 調整

①地面に座り、両ヒザを曲げて脚を開く。②骨盤は固定したまま、上体を丸めるように前傾させる。

16 腰まわり②★
部位等 腰背部（広背筋）

アップ / ダウン / 調整

①片ヒザを立てて座る。②立てたヒザの外側に反対側のヒジをつけて、上体をひねる。

One Point! アドバイス
上体が前傾すると広背筋は伸びない

17の背まわり①のストレッチでは、側屈の際に上半身を前傾させてはいけません。広背筋にストレッチがかからず、広背筋が伸びないためです。必ず上半身をまっすぐに保ったまま、側屈させましょう。

○ OK　✕ NG

17 背まわり①★
部位等 腰背部（広背筋）
ダウン
調整

①片方の手首を反対の手で持ち、引っ張りながら体を側屈させる。②伸ばす側の腕が耳の後ろを通るように。

18 背まわり②
部位等 腰背部（脊柱起立筋）
アップ
ダウン
調整

①腰をひねり、片方の脚を反対方向に。②伸ばす側のヒザを地面に近づける。上の脚側の肩は浮かないように固定する。

19 肩まわり★
部位等 肩・腕（三角筋）
アップ
ダウン
調整

片方の腕を伸ばして、もう一方の腕で体に引きつける。伸ばしているほうの肩は動かさないように。

20 腕まわり★
部位等 肩・腕（上腕三頭筋）
アップ
ダウン
調整

①頭の後ろをでヒジを曲げる。②もう一方の手で曲げたヒジをつかみ、地面に向かって上から押す。

One Point! アドバイス
姿勢を保ったまま筋肉を伸ばす

ストレッチ全般に言えることですが、姿勢を正しく保ったまま関節を伸ばすことで、目的の筋肉が伸びます。たとえば20の腕まわりのストレッチで上体をひねる（左の写真）と、ほかの筋肉にもストレッチがかかってしまうため、よくありません。

OK　　NG

21 胸部①★
部位等 胸部（大胸筋）
調整
①体の後ろで手を組む。②ヒジを伸ばしたまま、腕を上げて胸を張る。上体が前傾しないようにする。

22 胸部②
部位等 胸部（大胸筋）
アップ／ダウン／調整
①片方の腕を壁につき、ヒジを軽く曲げて立つ。②胸を突き出すようにして体を回転させて、胸部を伸ばす。

23 首（側面）★
部位等 首（僧帽筋）
アップ／ダウン／調整
①片方の手で腰を押さえ、肩が動かないように固定する。②もう一方の手で頭の側部を押さえ、側屈させる。

24 首（後面）★
部位等 首（僧帽筋）
アップ／ダウン／調整
①両手で頭の後ろを抱え込むようにして持つ。②両手で頭を前方向に倒して伸ばす。

ストレッチ

柔軟解説 動的（ダイナミック）ストレッチ

ねらい 動きながら（前に進みながら）、ダイナミックに行うストレッチ。動きのなかで行うため、静的ストレッチよりも体が温まりやすい。ウォームアップの際は、必ず行いたい。

1 太もも（前面）

主に太もも（前面）を伸び縮みさせることが目的。「1、2、3、4」のリズムで行い、1歩ずつ前に進む。

- 片方の足（右足）を前に振り出す。
- 右足を後ろに振って、右手で足の甲をつかむ。
- 右手で右足を引き上げて、太ももを伸ばす。
- 右足を離して着地。3歩前に進み、今度は左足で行う。

2 太もも（後面）

主に太もも（後面）を伸び縮みさせる。背筋を伸ばしたまま、上体を丸めないように。

- 片方の足（右足）を少し前に出し、つま先を上げてかかとをつける。
- 両手を右ヒザに置いて上体を前傾させ、太もも（後面）を伸ばす。
- 上体を起こし、3歩前に進んで、次に左足で行う。

やり方

① 伸ばす部位を意識する。
② 呼吸を止めない。
③ 痛いところまで伸ばさない。
④ リズミカルに行う。
⑤ 交互で同様に伸ばす。

One Point! アドバイス

太ももの裏を持つと難易度がダウンする

3のお尻のストレッチを行う際、体が硬くてヒザを抱えるのが難しい場合は、太ももの裏を持つ方法でもOKです。難易度が下がるので、体が硬い人でもやりやすくなります。

○ OK

3 お尻

主にお尻の筋肉を伸び縮みさせることが目的。腰が落ちない（骨盤後傾しない）ように。

片足（右足）の太ももを上げ、両手でヒザを抱えるようにして持つ。

背筋を伸ばしたまま、抱えた右ヒザを引き上げ、しっかり伸ばす。

足を下ろして着地し、今度は左足で同じことを行う。

4 股関節①

主に股関節の内転と外転に刺激を入れることが目的。外転足を下ろすときは、着地した足の真上に重心が乗るようにする。

片方の足（右足）のヒザを曲げ、足を横に開きながら上げる。

ヒザの位置を変えずに、足を前まで回す。バランスをとるために両手は開いたまま。

足を下ろし、3歩進んで、今度は同じことを左足で行う。

One Point! アドバイス　常に上体をまっすぐに保つ

5の股関節②のストレッチは足を後ろに上げる際に、バランスを崩して、上体が前傾しやすいので気をつけましょう。常にランニングフォームのポイントを意識し、上体をまっすぐにしたまま行います。

NG

5 股関節②

股関節周辺の筋肉に刺激を入れることが目的。上半身を安定させ、股関節を大きく動かすようにすることがポイント。

片方の足（右足）の太ももを上げる。ヒザとつま先が同じ方向を向くように。

右足を真横に開くように回す。股関節を大きく回すように。

右足を後ろに回すようにして上げ前後左右に上体がブレないように。

ヒザを曲げたまま、右足をまっすぐ前に戻す。

着地した足の真上に重心が乗るように乗り込むイメージで。左足で同様に行う。

6 股関節③

太もも（後面）を動かしながらを伸ばすことが目的。反動をつけすぎたり、上体を曲げすぎないこと。

歩きながら片方の腕を振り上げる。胸を張り、上体が前傾しないように気をつける。

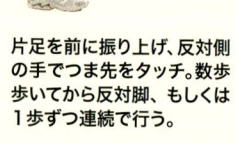

片足を前に振り上げ、反対側の手でつま先をタッチ。数歩歩いてから反対脚、もしくは1歩ずつ連続で行う。

One Point! アドバイス
片手足を前に出す際、上体を前傾しすぎない

6の股関節③のストレッチを行う際、上体が前傾しないように気をつけましょう。つま先をタッチすることを意識するあまり、上体が前傾してしまうと効果が下がってしまいます。太もも（後面）を伸縮させることができていれば、つま先をタッチできなくてもかまいません。

NG

7 肩関節①
主に肩甲骨周辺の筋肉を動かす。

ヒジを伸ばして両腕を上げ、手のひらを内側に向ける。腕は耳の後ろに。

ヒジを曲げながら腕を外回りで下ろしていく。手のひらを外側に向ける。

8 肩関節②
主に肩甲骨周辺の筋肉を動かす。

真横に腕を広げて、肩甲骨を内側に寄せる。

腕を閉じて、手のひらで肩をタッチするように、肩甲骨を外側に広げる。

9 股関節&肩関節①
両腕を前に回しながら進み、股関節と肩関節を同時に動かす。

片方の足（左足）と両腕を同時に上げる。

左足と両腕を下ろしながら前に進む。

今度は左足と両腕を同時に上げて繰り返す。

One Point! アドバイス 常に腕と脚を同時に動かす

各動的ストレッチは腕を上げるときは脚も上げ、腕を下げるときは脚も下げるというように、腕と脚の動きを同調させる（タイミングを合わせる）と、リズムよく行うことができます。

OK　OK

10 股関節＆肩関節②

両腕を後ろに回しながら進み、股関節と肩関節を同時に動かす。

片方の足（右足）を上げると同時に、両腕でバンザイする。

腕が体の横に来るタイミングで、右足を体の少し前に着地。

次は両腕を上げる際に左足を上げ、同じことを繰り返す。

11 股関節＆肩関節③

両腕を別々のタイミングで前に回しながら歩き、股関節と肩関節を動かす。

右足を前に踏み出すタイミングで、左腕を前に回す。

左足を前に踏み出すタイミングで、右腕を前に回す。

ちょうど1歩で、腕回しが1回転するように行う。

> **One Point! アドバイス** 腕を回すときは肩甲骨を意識する
>
> 11～13の腕を回しながら歩くストレッチは、肩甲骨を意識することが大切です。具体的には、上半身はなるべく安定させ、体をねじって腕を回すのではなく、肩甲骨を軸に腕が回っているイメージで行います。背中をほぐす感覚を持つとよいでしょう。
>
> OK / NG

12 股関節＆肩関節④

両腕を別々のタイミングで後ろに回しながら歩き、肩関節と股関節を動かす。

- 両腕を別々のタイミングで後ろに回す。
- 右足を前に踏み出すタイミングで、左腕を後ろに回す。
- 右腕と左足、左腕と右足が同調し、1歩進むごとに腕を1回転させる。

13 股関節＆肩関節⑤

左右の腕を前後別々に回しながら歩き、股関節と肩関節を動かす。

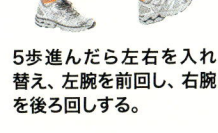

- 右腕は前回し、左腕は後ろ回しをしながら前に進む。
- 両腕とも、1歩進むごとに1回転するタイミングで回す。
- 5歩進んだら左右を入れ替え、左腕を前回し、右腕を後ろ回しする。

走りを強化するランニングドリル

ドリル01 ジャンプ

やり方
① 足を肩幅に開いて立つ。
② その場でジャンプして着地する。
③ 10回ジャンプしたら弾む感覚を意識して20mほどゆっくり走る。

ねらい 走るときに地面からの反発で弾む感覚を養います。リラックスして、その場でジャンプしましょう。

POINT 着地時にヒザを曲げ過ぎない。

手は下げたまま、自然体で立つ。

軽くジャンプ。地面を捉えて弾む感覚を覚える。

走りを強化するランニングドリル

ドリル02 上半身連動ジャンプ

やり方
① 足を肩幅に開いて立つ。
② ジャンプと同時に腕も上げる。
③ 10回ジャンプしたら、腕振りと脚の動きを連動させ、20mほど軽く走る。

ねらい 上半身（腕の動き）と下半身（跳ぶ動き）を連動させ、弾む感覚を養うことが目的です。

POINT 上半身と下半身を同時に動かすイメージで。

腕を使って体を持ち上げるイメージで跳ぶ。

ジャンプする瞬間に、腕を上へ上げる。

ドリル 03 キックアップ

走りを強化するランニングドリル

ねらい ランニングにおけるキック力の強化と、地面を蹴る感覚をつかむことがねらいです。

やり方
① 手の甲をお尻につけて立つ。
② かかとを素早くお尻に近づけるように、拇指球で地面を蹴る。
③ 左右10回ずつ行ったら、かかとの素早い引きつけを意識して、20mほど走る。

POINT かかとを引きつけた際、上体が前後左右にブレないように。

上半身はリラックスさせる。

かかとを素早くお尻にぶつけるよう足を後ろに引き上げる。

ドリル 04 ニーアップ

走りを強化するランニングドリル

ねらい ランニングにおける足の引き上げをイメージして、体の動きを感覚的に身につけます。

やり方
① 腕は体の横に置き、ヒジを軽く曲げて立つ。
② 片足を上げ、空中で左右の脚を切り替えるように素早く下ろす。
③ 左右10回ずつ行ったら、後ろ脚の素早い引きつけを意識して20mほど走る。

POINT 引き上げた太ももは、地面と並行になるように。

上半身が前傾、後傾しないように背筋を伸ばす。

片足を上げて、素早く下げる。素早く片足10回ずつ行う。

走りを強化するランニングドリル

ドリル05 バウンディング

ねらい ランニングにおける着地動作と、地面を蹴るための筋力の強化が目的です。

やり方
① ヒザを軽く曲げた姿勢で立つ。
② しゃがみ込み、伸び上がると同時に前方にジャンプ。
③ 片脚で着地し、その脚でそのまま次のジャンプへ移行。
④ 片脚ずつジャンプし、10回行ったら、そのまま弾む感覚で20mほど走る。

スクワット（199ページ）と同じ、ヒザを曲げた姿勢に。

いったんしゃがみ込んでから、前へ高くジャンプする。

腕振りもストライドも、大きな動きを意識して跳ぶ。

POINT 着地の際は片足で。ヒザを曲げて衝撃を吸収する。

着地直後に反対の足を上げ、次のジャンプにつなげる。

マラソン理論／準備期／走り込み期①／走り込み期②／実践期／調整期／レース攻略／トレーニング

走りを強化するランニングドリル

ドリル 06 シザースジャンプ

ねらい ランニングしているときの、空中で左右の脚を切り替える動作を身につけます。

やり方

① 脚を前後に開き、軽く上体を前傾させる。
② ジャンプすると同時に前後の脚を入れ替える。
③ ヒザを曲げて衝撃を吸収して着地。
④ 左右交互に10回行ったら、素早い脚の切り替えを意識して20mほど走る。

POINT 空中でバランスを崩さないように。上体をまっすぐに保つ。

足を前後に開く。上体はリラックスさせる。

空中で左右の前後の脚を素早く切り替える。

両腕を開いてバランスをとって着地する。

着地の際、必要以上にヒザが沈み込まないように

着地の際、ヒザが必要以上に沈み込んでしまうと、スプリットスクワットジャンプ（203ページ）という補強トレーニングになってしまい、正しい動きが身につかない。

✗ NG

マラソン理論 / 準備期 / 走り込み期① / 走り込み期② / 実践期 / 調整期 / レース攻略 / トレーニング

193

補強トレーニング 01　太もも（前面）の筋肉
壁つきニーアップ

▶▶▶ 脚の振り上げ動作を強化することが目的です。

回数等 左右10回×3セット　セット間休憩：15秒

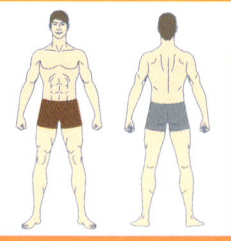

1 腕を肩の高さまで上げ、壁に両手をつく。前後に脚を開く。

2 腰周辺の背骨が動かない範囲で前脚を引き上げ、その場に下ろす。

POINT 体幹、骨盤を安定させたまま行う。

補強トレーニング 02　お尻、太もも（後面）の筋肉
ヒップアップ

▶▶▶ 体幹の安定とお尻、太もも（後面）の強化が目的です。

回数等 20回×3〜5セット　セット間休憩：20秒

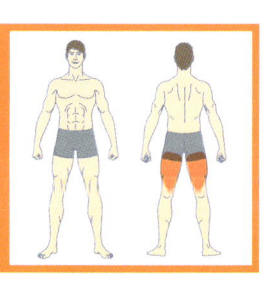

1 仰向けに寝てヒザを曲げる。足の裏を地面につける。

2 腹筋に力を入れてから、お尻を持ち上げる。

POINT 横から見て、ヒザから肩まで一直線になるように。

補強トレーニング 03 　　太もも(内側)の筋肉
ヒップアダクション

▶▶▶ 股関節の内側の筋肉を強化することが目的です。

回数等 　左右20回× 3～5セット　セット間休憩：なし

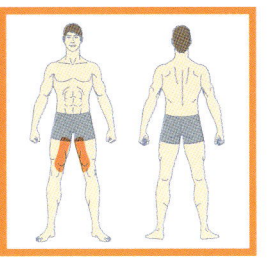

1 横向きに寝て、上の脚のヒザを曲げ、下の脚の前につく。

2 下側の脚を内側に蹴るように持ち上げる。

POINT
股関節の内側の筋肉で持ち上げることを意識し、足首に力が入らないように。

補強トレーニング 04 　　太もも(外側)の筋肉
サイドレッグレイズ

▶▶▶ 股関節の外側の筋肉を強化することが目的です。

回数等 　左右20回× 3～5セット　セット間休憩：なし

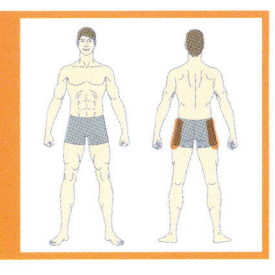

1 横向きに寝て、上の手で骨盤が動かないように押さえる。

2 体のラインよりやや後方に、上側の脚を持ち上げる。

POINT
体がねじれたり、後ろに倒れないように。

補強トレーニング 05　股関節（外側）の筋肉
ヒップエクスターナルローテーション

▶▶▶ 股関節の外側の筋肉を強化することが目的です。

回数等 左右20回×3〜5セット　セット間休憩：なし

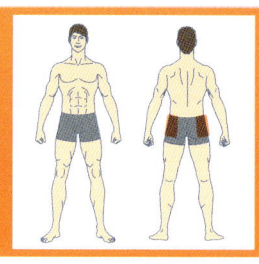

1 横向きに寝て上の手で骨盤を押さえる。
上の脚のヒザを曲げて、前に出す。

2 上の脚を開くイメージで起こす。
上半身は動かないように安定させる。

POINT
上側の脚のお尻をひねるようにして開く。

補強トレーニング 06　肩甲骨周辺の筋肉
スキャプラアダクション

▶▶▶ 肩甲骨を内側に動かす動作を強化することが目的です。

回数等 10回×3〜5セット　セット間休憩：20秒

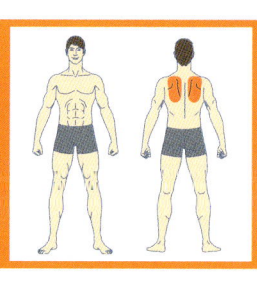

1 うつ伏せに寝て、手のひらは下に向ける。

2 肩甲骨を内側に寄せ、指先を足に向かって伸ばす。

POINT
手のひらは外側に向け、腰を反らせないように気をつける。

補強トレーニング 07　　　肩甲骨周辺、背中の筋肉

ラットプルダウン

▶▶▶ 背中の筋肉を強化することが目的です。

回数等　10回×3セット　セット間休憩：20秒

1
うつ伏せに寝て、両腕を上げる。

2
肩甲骨を内側に寄せ、ヒジを曲げながら腕を外側から下げていく。

3
さらに両腕を下げていき、肩甲骨を内側に寄せる。

POINT　下半身はリラックスした状態を保つ。

腕ではなく肩甲骨を動かす

このトレーニングでは、肩甲骨を動かすことが目的。腕ではなく、肩甲骨を徐々に内側に寄せる動きを意識しよう。肩をすくめたり、首に力が入らないように注意する。

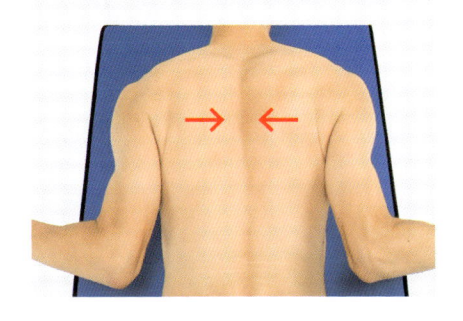

補強トレーニング 08　胸部（外側）の筋肉

ダンベルプッシュ

▶▶▶ 肩甲骨の外転動作を強化することが目的です。

回数等 左右10回×3〜5セット　セット間休憩：15秒

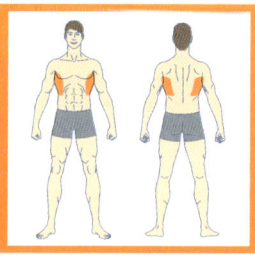

1 仰向けに寝て、片腕にダンベル（軽いもの）を持って伸ばす。

POINT 上体をひねらないように気をつける。

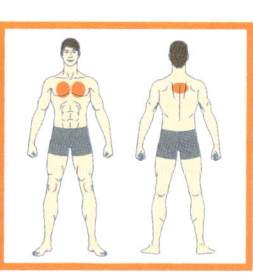

2 肩甲骨が地面から離れるまで、腕を上に突き出す。

補強トレーニング 09　胸部、肩甲骨の筋肉

プッシュアップ

▶▶▶ 胸部と肩甲骨周辺の筋肉を強化することが目的です。

回数等 10回×3〜5セット　セット間休憩：20秒

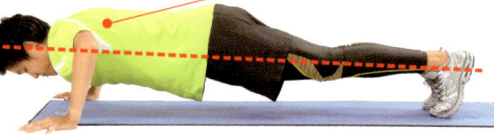

1 うつ伏せになり、頭から足までが一直線になるように体を支える。

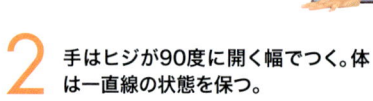

2 手はヒジが90度に開く幅でつく。体は一直線の状態を保つ。

POINT 肩甲骨を寄せ、大胸筋を左右に広げるイメージで行う。

補強トレーニング 10 　股関節、太もも（前・後面）の筋肉
フォワードランジ

▶▶▶ 走るときの片脚立ちの姿勢を安定させることが目的です。

回数等　左右10回×3セット　セット間休憩：なし

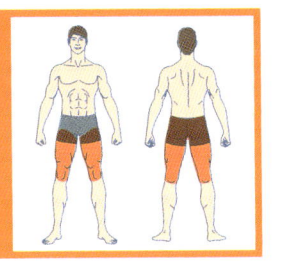

1
腕を腰に当て、片方の足を引き上げる。

POINT 目線は終始、前方に向けたままに。

2
ヒザは正面を向けたまま着地。着地とほぼ同時に、バランスを保って止まる。

POINT つま先よりもヒザが前に出ないように。

補強トレーニング 11 　股関節、太もも（前・後面）の筋肉
スクワット

▶▶▶ 着地時の衝撃を吸収する力を強化することが目的です。

回数等　10回×3セット　セット間休憩：20秒

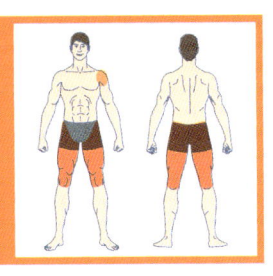

1
胸を張る。肩甲骨をやや内側に寄せる意識で、手を腰に当てる。

POINT 骨盤が前傾した姿勢を保つ。

2
接地している足の上に重心が乗るように、股関節と肩関節を同時に動かしてしゃがみ込み、1の姿勢に戻る。

POINT ヒザがつま先よりも出すぎないように。

スクワットのバリエーション①
ワイドスクワット

両脚を大きく開いて行うことで、股関節の内側の筋肉に負荷がかかる。

1 足幅は大きく開いてとる。手を腰に当て、スクワットの基本姿勢をつくる。

2 ヒザを90度になるところまで曲げたら、1の姿に戻る。

POINT つま先はヒザと同じ方向に向け、ヒザよりも前に出ないように。

スクワットのバリエーション②
スプリットスクワット

脚を前後に開いて行うことで、片脚で体を支える力を強化するトレーニングに発展する。

1 脚を前後に開き、腰に手を当てる。

POINT 目線は常にまっすぐ前に向ける。

2 前脚へ体重をかける意識で沈み込む。前後の荷重バランスは、前脚80%・後ろ脚20%程度で。

POINT ヒザはまっすぐ前に向ける。

スクワットのバリエーション③
ベンチスクワット

片脚で行うことで、片脚で体を支える力を強化するトレーニングに発展する。

1 ベンチ（イスでも可）を後ろに置き、片足を乗せる。

2 後ろ脚には体重をかけず、90％以上を前脚に乗せるイメージで沈み込む。

POINT 目線は必ずずっと前に向ける。

POINT つま先とヒザは、一直線になるように揃える。

スクワットのバリエーション④
片脚スクワット

片脚で行うことで、ランニング時の片脚立ちの姿勢を安定させるためのトレーニングになる。

1 片脚一本で立ち、両手を腰に当てる。

2 上半身は一直線になるように体幹を安定させ、つま先の上にヒザと肩が揃うように沈み込む。

POINT 目線は常に前に向ける。

POINT どうしてもバランスがとれず、ふらつく場合は行わない。スプリットスクワット、ベンチスクワットでもっと強化する。

補強トレーニング 12　スクワットジャンプ

下半身全体の筋肉

▶▶▶ 着地に不可欠な衝撃吸収のための動作習得や筋力強化が目的です。

回数等　10回×3セット　セット間休憩：2分

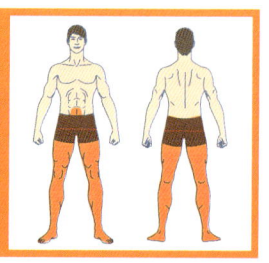

1 脚を肩幅に開き、つま先とヒザを前に向ける。骨盤を前傾させる。

2 スクワット（199ページ）と同じ要領でしゃがみ込み、その反動で上へジャンプ。

POINT
腕はジャンプに連動して上げ、着地で下げる。

3 着地したら衝撃を吸収するように股関節・ヒザの関節・足首の関節を連動させ、曲げてしゃがみ込む。

前傾しすぎると必要な筋肉が強化されない

着地の際に腰を曲げすぎて、写真のように上体が前傾してはいけない。ランニング時と同じく、重心の真下で着地することが大切。

NG

補強トレーニング 13　　下半身全体の筋肉

スプリットスクワットジャンプ

▶▶▶ 着地時の衝撃吸収のための動作と空中で脚を切り替える動作の習得が目的です。

回数等　10回×3セット　セット間休憩：2分

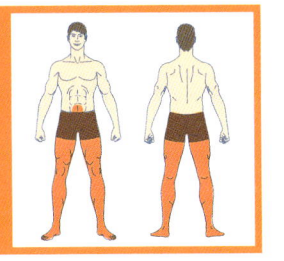

1 脚を前後に開き、両腕を体の横に。骨盤を前傾させる。

2 ヒザを曲げてしゃがみ込み、その反動で上へジャンプ。

POINT
空中で、素早く前後に脚を入れ替える。

3 股関節・ヒザ・足首の関節を連動させるイメージで、着地して衝撃を吸収する。深く沈み込む必要はない。

着地で左右のバランスが崩れないように

　脚を前後に開くため、左右のバランスが崩れやすい。バランスを保てない場合は、体幹や股関節の強化やスプリットスクワットがきっちりできるようになってから、再度挑戦する。

❌ NG

補強トレーニング 14　腹筋（側面）
ドローイン
▶▶▶ 体幹安定のために腹筋（側面）を強化することが目的です。

| 回数等 | 30～60秒×3セット　セット間休憩：30秒 |

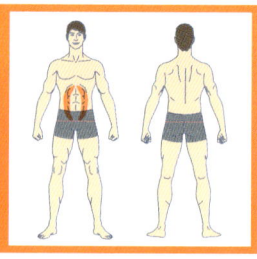

1 仰向けに寝て、ヒザを曲げる。腕は体の横に。

2 へそをできる限り床に押しつけたまま、お腹をへこませる。

POINT
お腹をへこませても呼吸は止めない。胸で呼吸をする。

補強トレーニング 15　腹筋（上部）
クランチ
▶▶▶ 体幹安定のために腹筋（上部）を強化することが目的です。

| 回数等 | 10～15秒×3セット　セット間休憩：30秒 |

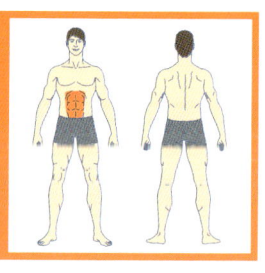

1 ヒザを立てて、仰向けに寝る。手のひらは太ももに乗せる。

2 手のひらを滑らせてヒザをタッチするイメージで、上体を起こす。肩甲骨が床から離れたら1の姿勢に戻る。

POINT
みぞおちをのぞき込むように、上体を起こす。

補強トレーニング 16　　腹筋（下部）
レッグレイズ

▶▶▶ 体幹安定のために腹筋（下部）を強化することが目的です。

| 回数等 | 15回×3セット　セット間休憩：30秒 |

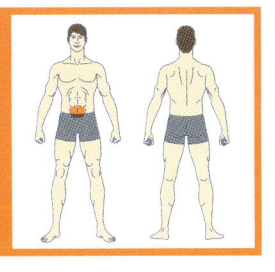

1 仰向けに寝て、ヒザを曲げて両脚を軽く上げる。

2 両ヒザを胸に近づけるイメージで、骨盤を前に動かす。

POINT お腹の下を使う意識で、骨盤を前に動かす。

補強トレーニング 17　　腹筋（奥）、背中の筋肉
フロントブリッジ

▶▶▶ 体幹安定のために腹筋（奥）と背筋の強化が目的です。

| 回数等 | 30〜60秒×3セット　セット間休憩：30秒 |

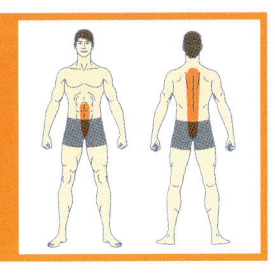

1 うつ伏せに寝て、ヒジを肩の下につく。つま先は立てる。

2 腹筋、背筋に力を入れて、体を一直線にする。

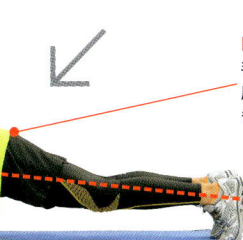

POINT 手足はリラックスさせ、お尻は上げすぎたり下げすぎたりしないように。

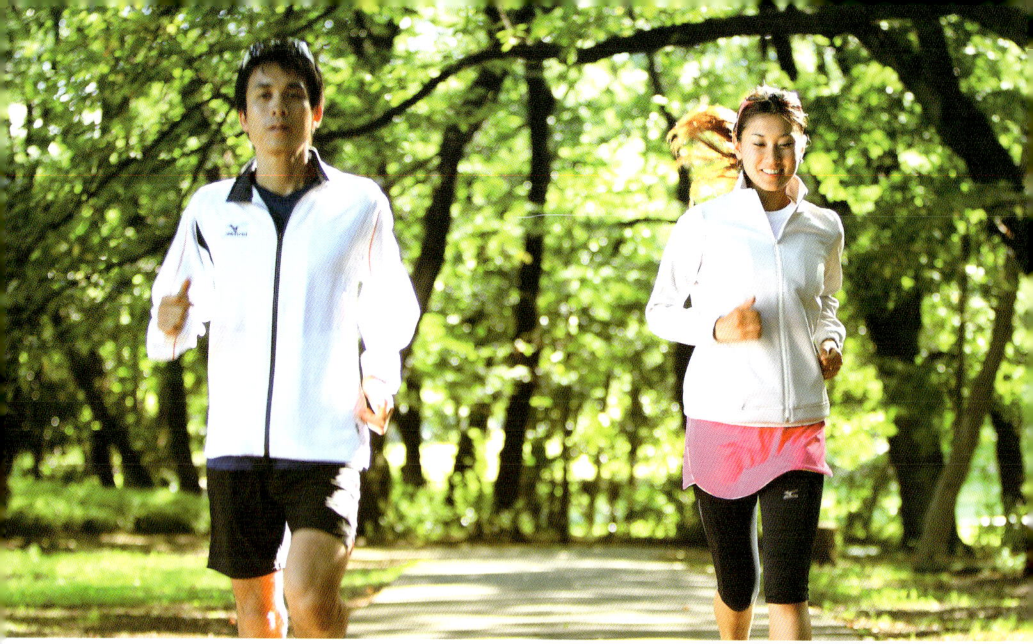
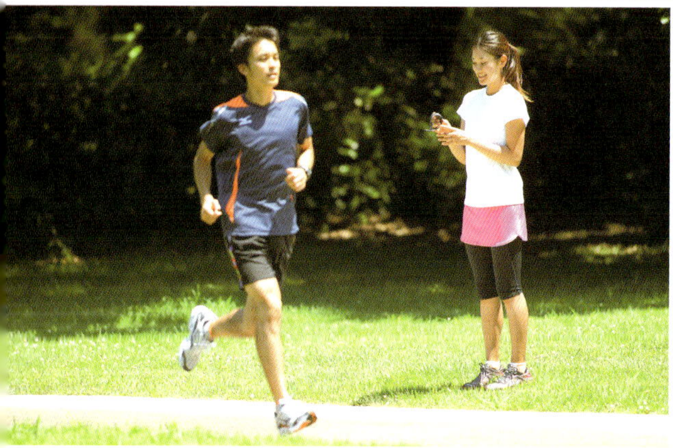
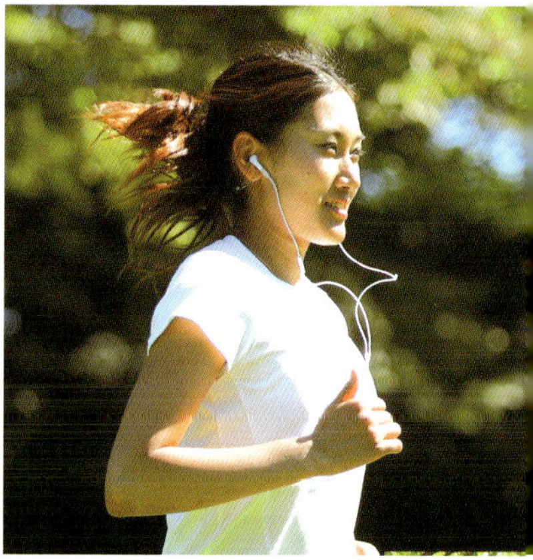
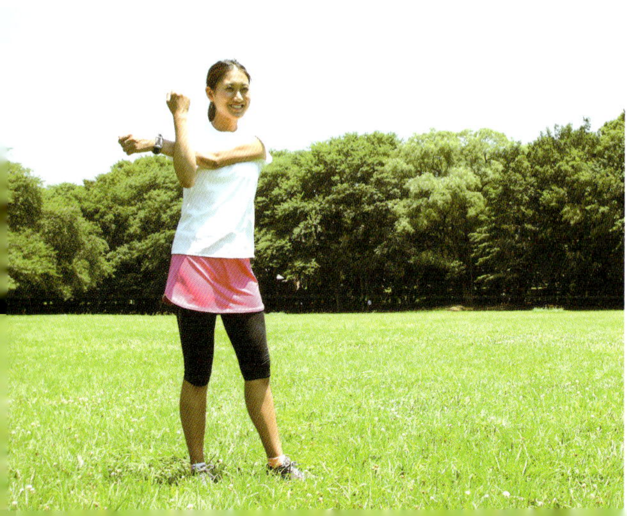
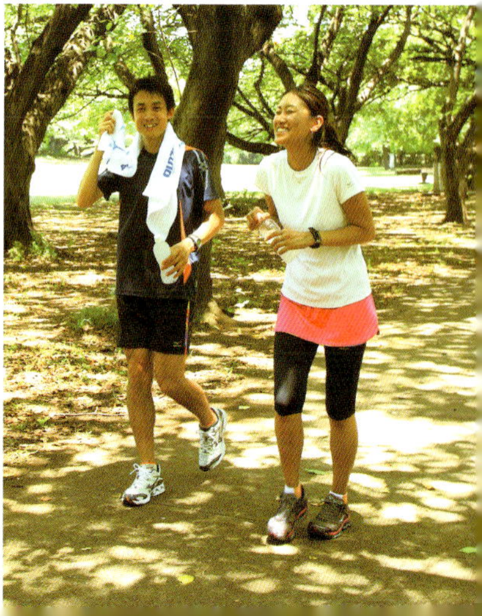

おわりに

　2007年4月、トップ選手と一般の市民ランナーとが融合するランニングクラブ「セカンドウィンドAC」を設立し、今日まで活動してきました。セカンドウィンドACの目指すものは、市民へのマラソンの普及と世界で活躍するトップ選手の育成です。

　かつて「マラソン日本」と呼ばれた時代がありましたが、残念ながら日本は2008年の北京オリンピック、2011年の世界陸上選手権テグ大会ではメダルを獲得することができませんでした。その要因には、ケニア、エチオピア勢の台頭があります。現在のアフリカ勢は、かつての身体能力頼みではなくなりました。チームとして活動し、優秀なランナーのスカウトやプロのコーチによる指導、科学的サポート、さらにはトレーニング環境の整備が行われたことで、世界中の大会で上位を独占しています。

　われわれ日本も、旧態依然としたトレーニング方法を見直しする必要に迫られています。具体的には、世界に通じるスピードランナーの育成が急務です。スピードが要求されるトラック種目（5000mや10000mなど）でワールドクラスの活躍ができるランナーを多く育成することが、将来の「マラソン日本」復活に結びつくのです。また、これまでのマンツーマンによる指導や選手が1人のコーチに依存するしくみではなく、あらゆる分野の専門家が集結してランナーをサポートできる体制を確立することが世界で戦える条件だと考えます。

　私が監督を務めるセカンドウィンドACでは、このような育成システムの確立を目指していますが、まだまだ越えねばならない課題も残っています。現在所属しているランナーが常に自己記録を更新できる環境を持ったクラブに成長させ、マラソン競技の底辺拡大に努めていきます。そして、将来は世界トップクラスの選手が所属するクラブチームを目指します。

　マラソンは楽しくやりがいがあり、メリットがいっぱいあるスポーツです。私の座右の銘である「継続は力なり」の言葉のように、マラソンは長く続けることで、健康で豊かな人生を送ることにつながります。皆様もぜひマラソンを続けて、充実したマラソンライフを送ってください。

　最後になりますが、このような機会をいただきました池田書店様、協力していただきましたミズノ株式会社様、山本光学株式会社様、スタッフの皆様に対して心から感謝申し上げます。

セカンドウィンドAC監督　**川越 学**

監修者 川越 学（かわごえ まなぶ）

1962年生まれ、鹿児島県出身。セカンドウィンドAC監督。早稲田大学を卒業後、資生堂ランニングクラブ監督を経て、現在に至る。学生の頃から数多くの大会で優勝。その後、指導者として嶋原清子（09年北海道マラソン優勝）や加納由理（10年名古屋国際女子マラソン優勝）、尾崎朱美（09年アテネ国際マラソン優勝）らを指導。2007年4月よりセカンドウィンドAC設立。トップアスリートへの指導のみならず、市民ランナー向けのランニング教室も開き、マラソンの幅広い普及に尽力している。

監修協力 手塚 賢二（てづか けんじ）

トレーナー。帝京大学を卒業後、東京スポーツレクリエーションに在学するかたわら、セカンドウィンドAC、東京ランニング教室、立正中学・高等学校陸上競技部などでトレーナーとして活動中。保有資格は、日本体育協会公認アスレティックトレーナーなど。

モデル

内野 雅貴（うちの まさたか）
セカンドウィンドACコーチ。神奈川大学を卒業後、小森コーポレーション陸上部を経て、現在に至る。フルマラソン自己ベストは2時間16分09秒。

真鍋 未央（まなべ みお）
セカンドウィンドACコーチ。北九州市立戸畑商業高校を卒業後、資生堂ランニングクラブを経て現在に至る。フルマラソン自己ベストは2時間55分27秒。

STAFF

編集・制作
パケット

取材・執筆
佐藤 一浩

デザイン
Design Office TERRA

撮影
前川 健彦

イラスト
内山 弘隆

DTP
原田 新

スタイリング
伊藤 勝太

ヘアメイク
高橋 有子

衣装協力
ミズノ
山本光学株式会社

完走チャレンジ！自己ベスト更新！

マラソンの教科書

監修者　川越 学
発行者　池田 豊
印刷所　株式会社光邦
製本所　株式会社光邦
発行所　株式会社池田書店

〒162-0851　東京都新宿区弁天町43番地
電話03-3267-6821（代）／振替00120-9-60072
落丁・乱丁はおとりかえいたします。

©K.K.Ikeda Shoten 2011, Printed in Japan
ISBN978-4-262-16363-5

本書のコピー、スキャン、デジタル化等の無断複製は著作権法上での例外を除き禁じられています。
本書を代行業者等の第三者に依頼してスキャンやデジタル化することは、たとえ個人や家庭内での利用でも著作権法違反です。

1301401